＼毎日採れたて！／

イーファの水耕栽培

水切りバットでかんたん野菜づくり

著
ザウ　イーファ
趙　怡華

イラスト
たかお　かおり

晶文社

とってもかんたん！イーファの水耕栽培

誰にでもおすすめ！ Basil バジル

ベランダでも、大収穫

イーファが大好きな コリアンダー

水耕栽培の優良児 小松菜

からし菜

> たくさんの水切りバットが並ぶ姿は壮観！

屋外栽培で大成功！

山東菜
Pak choi

はくさいのしんせきだよー

イーファの水耕栽培

羅勒煎蛋 P.87	蘿蔔排骨湯 P.96	香菜涼拌茄子 P.97	蒜味秋葵豆腐 P.111

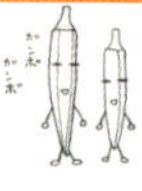

栽培時期を間違えちゃった
ミニトマト

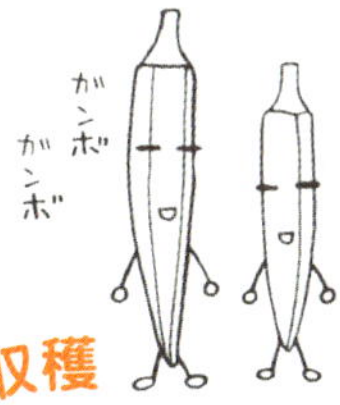

わくわく、収穫
オクラ

青菜蛋花湯 P.150	生菜蠔油 P.169	葱油餅 P.173	小魚空心菜羹 P.177

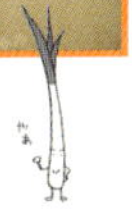

イーファの水耕栽培

種まきだって、楽しいよ！

スポンジにまくと、確実に発芽するけど、スポンジに虫が繁殖したりするので、今は、水を張ったトレイに浸けておくだけ。

発芽だ！　発芽だ！

つるなしスナップ

種の色にびっくり！

イーファの水耕栽培

植え替え

成長の様子は、
毎日、とってもわくわく‼

難点といえば、藻が生えること……

イーファの水耕栽培

お花を咲かせてもきれい！

オクラ　　　　　　豆苗

からし菜と水菜は、同じアブラナ科だから、お花もそっくり。はなびらの数が4枚なのが特徴です。

からし菜　　　水菜 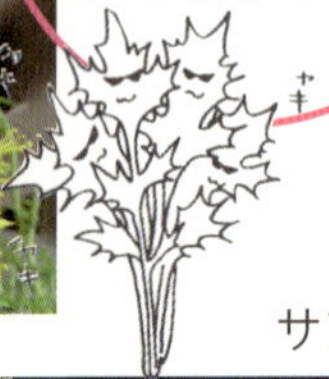　　　　　　サンチュ

サンチュの花は、菊と同じ。レタスやサンチュは、キク科の野菜ということが、よくわかります。

イーファの水耕栽培

登場人物紹介

楽して水耕栽培する方法を
編み出すパワーはハンパない

イーファ

よろしく
お願いします

※日本語の言い回しが変なところがありますが、どうか寛大に……

日本に住む台湾人。日頃は通訳の仕事などをして、忙しい毎日。日本の物価の高さと、自身の自然派志向から、野菜作りを始めたものの、失敗の連続。しかし、水耕栽培に出会って、ついに、楽して毎日新鮮な野菜を収穫する方法を編み出しました。本書では、その方法と、そこに至るまでのエピソードを惜しみなく披露します。失敗続きのあなたも、きっとチャレンジする力がわいてきます。

達人

日本に住む、中国人の友人。野菜作りはプロ級の腕前。野菜作りの情報源であり、種などをくれる野菜仲間でもある。とっても頼れる存在。うわさによると、野菜のみならず、完全自給自足をめざしているらしいです。

まおくん

ニョーニョー

イーファさんちのねこ。野菜作りのきっかけをつくったのも、このねこちゃんたち。野菜を狙う鳥や虫たちを追い払う有能なハンターでもある。

母

台湾に住むイーファのお母さん。庭でいろいろな野菜を育て、採れたて野菜の調理が得意。植物を育てるのがとっても上手で、まさに*グリーンハンドの持ち主。

*グリーンハンド（緑の指）＝植物を育てるのが上手な人のことをいう。

もくじ

登場人物紹介　1
イラストでたどる イーファの水耕栽培サクセスストーリー　4
はじめに　6
イーファさんちのベランダ　10
　初心者はこれだけ押さえておこう イーファの水耕栽培ダイジェスト　12

　種選び　20
　種をまく　26
　　種をまく 番外編　32
　　種の保管方法　37
　　植え替え　40
　　　肥料　46
　　　　栽培場所　48
　　　　　水位の管理　52
　　　　　　日頃の管理　57
　　　　　　　収穫の方法　62
　　　　　　　　スプラウトって素敵かも　66

　イーファさん教えて！ 水耕栽培Q&A　119, 145
道具類の紹介1　15
道具類の紹介2 支柱関係　42
寒冷紗の使い方　43
虫とのバトル　防虫ネット(寒冷紗)で解消　61
おまけの話1　イーファ、とうとう100均以外の買い物に手を出した！スチール棚　65
おまけの話2　すべてはねこ草から始まった　74
藻とのバトル　気にせず、気楽に収穫を楽しむ　151

毎日採れたて！
イーファの水耕栽培
水切りバットでかんたん野菜づくり

バジル 78
コリアンダー 88
シソ 98
オクラ 102
豆三兄弟 112
豆苗 番外編 120
小松菜 124
からし菜 133
水菜 138
山東菜 146
サンチュ 152
サンチュ 番外編 161
レタス 164
葉ねぎ 170
空芯菜 174
セロリ 178
ミニトマト 180
とうもろこし 190
アスパラガス 194
人参 197
ミニ大根 200

recipe
羅勒煎蛋（バジルの台湾風卵炒め）87
蘿蔔排骨湯（スペアリブと大根の水炊きスープ）96
香菜涼拌茄子（ナスの香菜和え）97
蒜味秋葵豆腐（ガーリック風味オクラ豆腐）111
青菜蛋花湯（山東菜の卵とじスープ）150
生菜蠔油（レタスのオイスターソースかけ）169
葱油餅（台湾風ねぎ入りおやき）173
小魚空心菜羹（しらすと空芯菜のとろみスープ）177

もくじ

イラストでたどる イーファの 水耕栽培ドタバタサクセスストーリー

野菜作りスタートから水耕栽培で成功するまでの軌跡

野菜作りを始める

↓ 土栽培で失敗

虫はつくわ 育たないわ

水耕栽培との出会い

これだ!!

水耕栽培スタート

さっそくチャレンジ!!

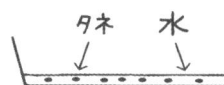

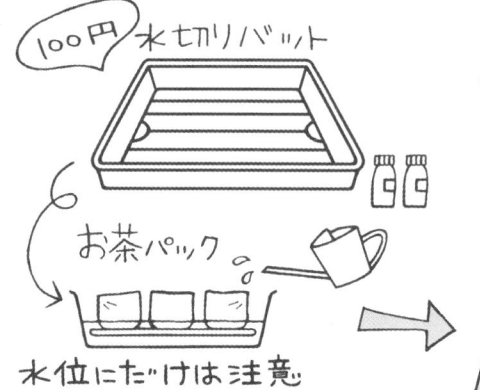

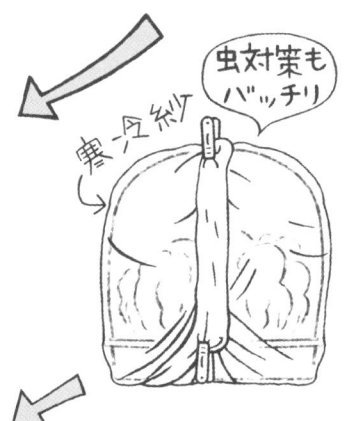

はじめに

　90年代の初頭、バブル経済が崩壊の兆しを見せ始めた時期に、日本円で3万円の現金と、合計46kgとオーバーウェイトしてしまったスーツケース2つを携えて台湾から東京に降り立った私が最初に住み着いたのは武蔵野市です。私の最初の住まいであった学校の寮の目の前には野菜畑が広がり、どことなく実家の雲林（＊雲林県は台湾では農業県として有名）の風景に似ていることから、言葉も文化も分からない異国にいる寂しさがだいぶ癒される気がしました。一方、あまりにも周囲が畑ばかりだったので、本当に国際都市東京にいるという実感もわいてこなかったのですが……。

　幼い時、裕福ではない我が家の家計を助けるためか、母は庭にいろんな野菜を作り、三度の食事のつど、庭から採れたての野菜を調理。さっとゆでたうどんに、醤油、おろしニンニク、ごま油で味付けをして、仕上げに庭から取ってきた山東菜とねぎを入れてかき混ぜると、熱々でおいしい温うどんのできあがり。そうそう、さいの目切りのさつまいも入りのおかゆ「蕃薯稀飯（ファンスゥシファン）」もよく我が家の食卓に出ていました。さすがに武蔵野市では考えられませんが（台湾でも首都の台北では考えられないことです）、父は、大事な行事に備えて、鶏からアヒル、ガチョウに至るまで、実家の近くを流れている川沿いの小屋で飼育していました。その排泄物は乾燥させて、野菜作りの肥料にしていましたね。東京に来てから初めて知ったことですが、これはいわゆる無農薬の有機栽培ですね。自然のものを食べて育ったおかげか、私も弟もほとんど風邪ひとつ引きません（バカは風邪を引かないという日本語表現を知った時はちょっとしょんぼりしましたけど）。元気だけが取り柄とも言えますが（笑）。

　そんなド田舎っ子の私が留学先に選んだ東京は、物価が高いことでも世界的に有名。外食ばかりですと、所持金がすぐに底をついてしまいます。それに学食のメニューだけだと飽きますね。そのため私は、必然的に自炊に手を染めることになりまし

た。それまでインスタントラーメンを作ったことすらなかったのに（作らなかった理由は我が家ではそういった人工調味料品のような食べ物を置いてなかったから）。台湾にいた時は、ガスコンロに触るのはお湯を沸かす時ぐらいだった私は、何を作ろうかドキドキ。日本のスーパーに初めて入って、商品の値段を見て台湾元に換算したら、さらにドキドキ。結局、買ったのは特売品の1本100円の長ねぎと、98円のMサイズ6個入りの卵、98円の春雨と1ℓ258円の醤油だけでした。だって、1本100円の長ねぎを台湾ドルに換算すると約30元なんですよ。当時の30元というと、私の実家付近では、「排骨便當（パイグビェンダン＝パーコー弁当）」が1個20元。長ねぎ1本よりも10元も安いんです。ねぎなんて、品種が違うとはいえ、私の実家付近では、野菜を買えばただでおまけについてくるものなのに！ もちろん我が家では庭先にいつも好きなだけ使える分生えているのに。

この日作った醤油味の卵入り春雨スープが、人生において最初の手料理でした。ちょっと塩気が足りなかったな。

こんな経験をしたせいか、生活費を浮かせるのに、野菜の作れる庭付きのアパートに住みたいなというのは、留学生の時の私の密かな野望というか夢でした。もちろん、そんな夢は学業とアルバイトに追われるうちにいつしかはかなく散ってしまいましたが……。

時は2009年。緑豊かな武蔵野市から都内屈指の繁華街に引っ越した私はアパートからマンション住まいとなり、庭付きライフがますます遠ざかっていきました。

そんなある日、私はドン・キホーテでたまたま、ねこ草栽培セットを見かけました。それまで我が家の、目に入れても痛くない2匹のねこちゃんのため、毎週のようにすぐ食べられる状態の新鮮なねこ草を買っていたのですが、大体1週間で枯れるので、いらなくなった培養土と白いプラスチックの鉢の処分に悩んでいました。

母はグリーンハンド持ちで、植物を育てるのがとても上手な人です。そんな血筋をまったく受け継いでないのか、私は「枯らしハンド」です。植物をうまく育てられた試しはありません。でも、さすがに草なら枯らさないだろうと変な自信をもって、その2個入り210円ねこ草栽培

セットをレジに持って行ったのが、すべての始まりました。
　だってプラスチック鉢なら、うちいっぱいあるしさ。と、この時とても軽く考えていました。
　時は2月で室外温度は2℃前後。もちろんそんな状態では、たとえ草でも発芽するわけありません。早速挫折を味わった私は、自分の枯らしハンドパワーの強さを呪いました。
　「あと1袋あるから、暖かくなったらまたやってみよう。万物芽吹く春にこそ」とそっと心に誓ったのでした。
　やがて万物芽吹きっぱなしの春になって、吉日（思い立った日だけど、適当に）に説明書通り、土の中にねこ草の種を埋め、水をまき、あとは芽が出てくるのを静かに待つのみ。4日めぐらいにぼこっと土が盛り上がって中から新緑の芽が。「わーい」この時のうれしい気持ちたら、まるで最初にマックの店員に「おいくらですか？」と日本語で聞いて通じた時に匹敵するものがありましたよ。マジで。
　そこから私はかいがいしく我が愛猫のためにねこ草を作り続けました。そして、ある日、また突然にひらめいたんです。そうだ、このねこ草専用の鉢でねぎやハーブなど、自分が普段料理する時に使う薬味を栽培すればいいのではないかと。我ながらこれはいい思いつきだと気分上々↑↑
　さっそくホームセンターに出向いて、まず定番プランター4個、ハーブ香草の土12ℓ、鉢底石とネットなどをショッピングカートに積みました。後日、100円ショップからシャベル、ジョウロ、園芸ばさみ、軍手なども入手。これでハード面の装備は完備しました。あとは、どんなハーブを栽培するかですね。
　書籍コーナーからも「おうちで野菜作り」や「ベランダ菜園」「楽々、簡単に家庭菜園」の類の本を数冊購入し、ハーブの苗を数種類植えました。夏になると毎日ベランダからハーブが収穫できる夢を見つつ。
　ところが、ハーブたちは、いまいち元気がありません。なんというか、シャキッとしてなくて、ちょっとよれよれであまり食欲をそそられるような姿ではありません。閉店間

際のスーパーで特売にかけられた売れ残りの傷んだ野菜みたいで、なんだか哀愁すら漂っている感じ。加えてアブラムシなどの害虫が大発生。毎日が害虫との戦いで、もうクタクタ。

2009年に「プランターの自家栽培野菜で毎日サラダを」と願いを込めて始めたプランター栽培は、先天的な環境の悪さのせいか、見事に敗北。

リベンジを期して、いかに楽しい野菜が栽培できるかあれやこれや検索しているうちに、ふっと水耕栽培という方法が飛び込んできたんです。それは1粒の種からたわわに実ったというトマトの写真でした。

こっ、これは!?

本当に水だけで野菜が育つのか?

よく調べたら、そこまでやるのには大掛かりな水耕専用設備が必要で、また、常に水を循環させなければならないので電気代がかかると分かり、あきらめましたが、インターネットで、なんか狭いマンションのベランダでもできるハイポニカという液肥と100円グッズを利用した水耕栽培方法を見つけたのです。伊藤龍三さんという方の方法でした。

目からうろこです。

本書では伊藤さんの方法を参照しながらも、試行錯誤して見つけた私なりの栽培方法を紹介しています。成功した事例も、失敗した事例もつづっていますので、ノウハウ本というより野菜栽培の顛末記として楽しんでいただければと思います。

また、母から受け継いだ、簡単にできちゃう水耕栽培野菜を使った台湾料理のレシピも紹介しています。ぜひ自宅でチャレンジしてみてくださいね。

日頃の生活のなかで常に植物に触れる環境にいると、なんとなくストレスから解放されなごみます。また、自分で育てると、日頃自分たちが食べるものにも感謝の気持ちがわいてきます。

一緒にスーパー産地直送ライフを楽しみましょう。

イーファさんちのベランダ

基本情報
広さ：2.08㎡　左右：2.6ｍ　奥行：0.8ｍ
手すりのタイプ：コンクリートで囲ったタイプ
向き：西向き

■上から見たところ

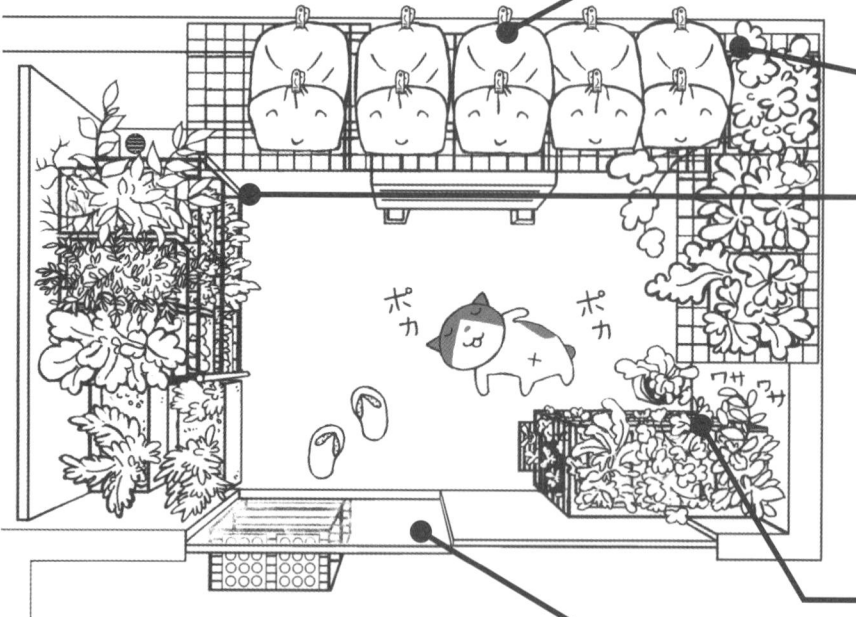

■平面図

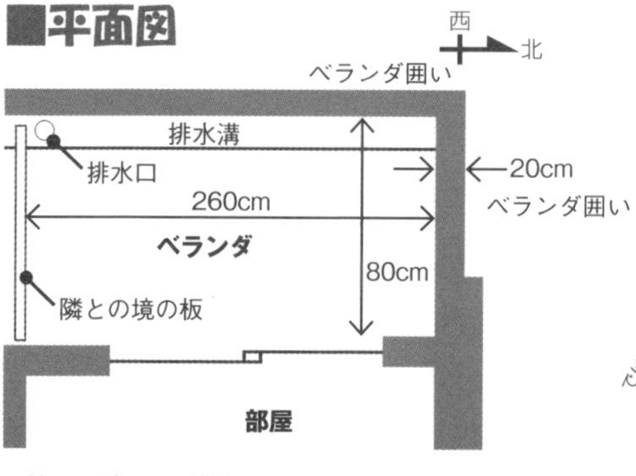

※隣との境は、避難経路となるので、ふさぐように物を置いてはいけないそうです。反省。皆さんも気を付けましょうね。

毎日採れたて！イーファの水耕栽培

日当たりのよくなる手すり近くに棚を作り、水耕栽培の水切りバットを並べる。野菜が小さい間は、寒冷紗をかぶせて防虫。

注意
水がなくなると、風でトレイごと吹き飛ばされることがあります。トレイを棚に固定するなど、落下防止対策をしましょう！

日当たりのよい場所ですくすくと育つレタス。

スチール棚で、栽培数を増やす。下の方は、日当たりが悪くなってしまうのが難点。

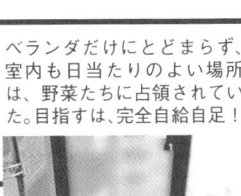

ベランダだけにとどまらず、室内も日当たりのよい場所は、野菜たちに占領されていた。目指すは、完全自給自足！

スチール棚で野菜用「マンション」を建設。5階に加えて2棟建て増しになっている（49ページ参照）。

イーファさんちのベランダ

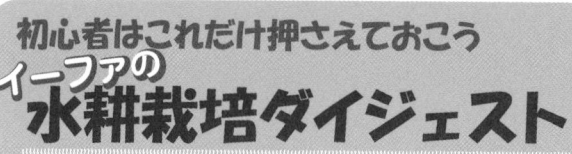

初心者はこれだけ押さえておこう
イーファの水耕栽培ダイジェスト

【使うもの】
トレイ
お茶パック
パーライト
水切りバット
寒冷紗
洗濯ばさみ
ワイヤ
マジックテープ
液肥（ハイポニカ）
園芸ばさみ

種まき
トレイにいれて水につけるだけ

水はひたひたいれすぎないことがポイント！

発芽
スポンジにまけば発芽率アップ！

植え替え
タネまきから約1週間

フチいっぱいまでいれずに1−1.5cmあけておくこと！

← パーライト
← お茶パック

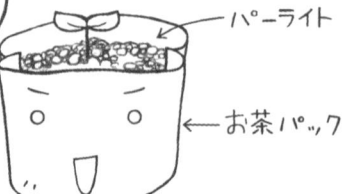

かわいい♡

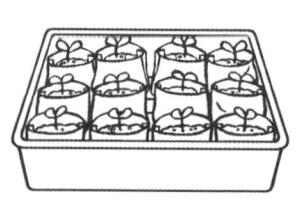

水切りバットに並べる

寒冷紗をかぶせる
虫よけだよ

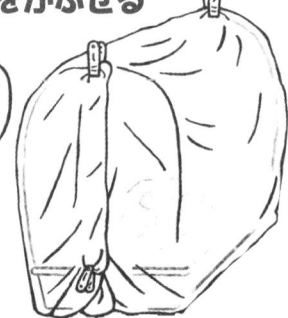

ベランダの日当たり
風通しのよい場所へ

寒冷紗を
とらなくても
okだよ

水やり（液肥水の補給）

水位がコツ！

植え替え直後
お茶パックの底が
0.5-1cm水に
つかるくらい

お茶パックから
根が出てきたら
お茶パックの底
すれすれに

カラカラに
ならない
ように

さらに根が
伸びたら
少なめにして
こまめにたす

収穫

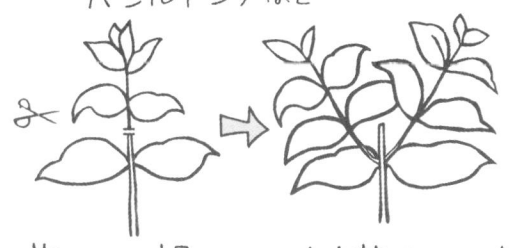

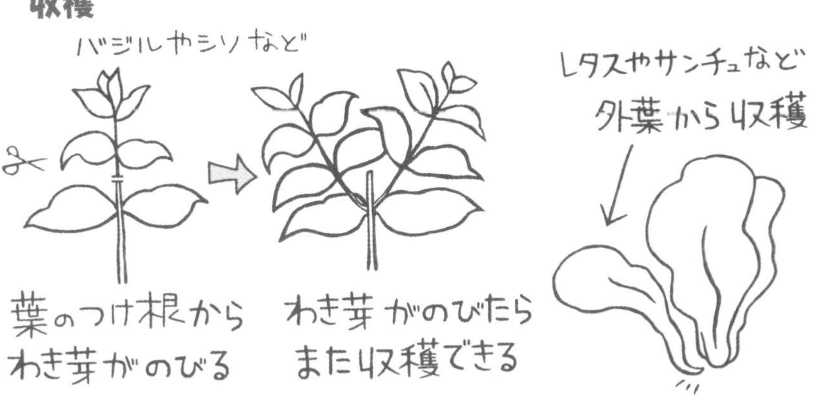

バジルやシソなど
葉のつけ根から
わき芽がのびる
わき芽がのびたら
また収穫できる

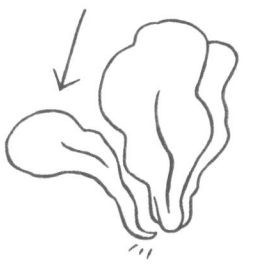

レタスやサンチュなど
外葉から収穫

■初心者が手を出してよい野菜

水耕栽培のよさ
・手軽
・植物観察ができて、毎日わくわく
・失敗しても、後処理らくらく、やり直しも簡単！

だれでも、始めやすい！

バジル P.78　シソ P.98

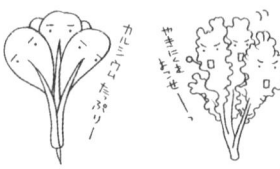
小松菜 P.124　サンチュ P.152

水菜 P.138　レタス P.164

イーファが試して分かった

■水耕栽培では、これは無理！な野菜

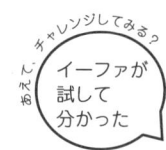

■失敗覚悟でGO！GO！野菜

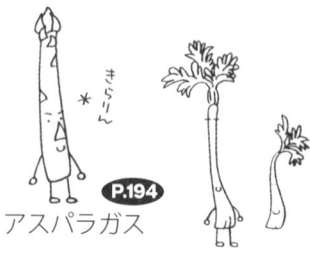
アスパラガス P.194
セロリ P.178

人参 P.197　ミニトマト P.180

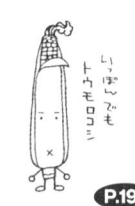
とうもろこし P.190

ミニ大根 P.200

道具類の紹介1

　狭いマンション住まいの私が日照状況のよくない自宅のベランダで野菜作りを始めた最大の理由は、無農薬で必要な分だけ摘みたての新鮮な野菜、そしてハーブを食べたいからです。

　中国語の諺に「工欲善其事必先利其器」というのがあります。事を行うにはまずじゅうぶんな道具(準備)が必要という意味ですが、うん万円も出せばそれこそすばらしい水耕専用の設備を購入することができます。しかし、うさぎ小屋のような我が家にその設備を据え置くスペースはありませんし、できれば100円ショップで材料そろえるようにして経済的な負担を軽減したいという思いから、液肥や棚以外の道具はほとんど100円ショップで調達しました。

水切りバット

サイズ：約27×32cm

　水切り用のネットすのこ付きで100円のすぐれもの。
　実はネットすのことトレイが別々で合わせて200円のものも別の100円ショップにあったのですが、キャンドゥのこの「ジャンボすのこバット」が断然おすすめです。
　ネットすのこの部分がプラスチック製なので、ずっと水につけても金属のようにさびがついたり、木製のように黒かびがついたりすることもありません。
　ネットすのこの下に支えがあるため、長時間の使用による中央部の凹みも避けられます。
　これが100円とは大変お買い得。
　私はこのジャンボすのこバットに、バジルの場合は大体4×4株の合計16株の苗を植えつけます。成長するにつれて、ぎゅうぎゅう詰めの密集栽培のようにも思われますが、16株が全部成長することもないので、大体12株ぐらいで安定してきます。根っこの部分が引っ張り合い、葉の部分がちょうどいい具合に支えになるので、特に支柱をしなくてもそのまま成長してくれますので、楽ちんです。
　コリアンダーですと、4×5の20株を植え替えて、最終的には15株あたりで落ち着いて栽培しています。
　このジャンボすのこバットがない場合、ほかの水切りバットも水耕栽培に使えます。

イーファの失敗談

最初は実験のため、あまり野菜たちの相性や組み合わせを考えず、適当に何種類か1つの水切りバットに植えました。たとえば、シソと九条ねぎや、セロリと人参とか。もう今思えば、めちゃくちゃです。その時に種まきに適した野菜を片っ端からまいて、発芽したものを1ジャンボすのこバットに2種類を適当に植えたのです。もちろん、大失敗でした。シソは根っこが広がるので、一緒に植えられた九条ねぎが窮屈そうにしていました。ごめんよ。九条ねぎくん。

お茶パック

100円ショップで40～80枚入りで、薄さが微妙に違ういろんな種類のお茶パックがあります。

最初は薄いほうが根っこが出やすいのではないか、それとも破れにくい厚めのほうがいいのかと悩んでいましたが、ひと通り使ってみた感じでは、野菜の成長にそれほど影響がないように思います。それ以来、いつも枚数の多いものを選んで使っています。

バーミキュライト

土を使わなくてもいいメリットは、まず、土より軽いので、独り自転車でホームセンターに行って、カゴに載せて持ち帰れる。土の処理、連作障害、除草などから解放される。土に潜んでいる虫による虫害のおそれがなくなる、などがあります。

バーミキュライト、液肥、容器があれば、とりあえず手軽に自宅で水耕栽培を始められる。いわゆる水耕の三種の神器なのだ。

行ったタイミングによっては置いてない100円ショップもあるので、最初は見つけると2袋や3袋と在庫ある分だけ買い占めていました。100円ショップの系列によっては2ℓ入のものと3ℓ入のものがあるので、私はもっぱら3ℓの店から買っていましたが、ある日、ホームセンターでは18ℓ入のものが550円ぐらいで売られていることに気づき、それからは100円ショップで買わなくなりました。

1つのお茶パックに入れるバーミキュライトの量は、野菜の種類によって若干量が違いますが、大体大さじ2程度です。コリアンダーのような茎が細くて*増し土が必要な場合、後から足すこともあります。

パーライト

私にとってバーミキュライトって使い勝手がよかったので、そのまま水耕を続けるかぎりずっとバーミキュライトを使うかなと思っていたのですが。ねこを飼っている身としては、乾燥してくると舞い上がるバーミキュライトの粉塵がやはり気になります。パーライトも水耕栽培に使えると知り、早速100円ショップから入手。いろいろ試せる存在として100円ショップって本当にありがたいですね。

最初はバーミキュライトと半分半分混ぜて使用。そのうち、少しずつバーミキュライトの量を減らして、最終的には完全にパーライトの使用のみ。

バーミキュライトよりさらに軽いというところは素晴らしい。液肥が入っていても軽々とトレイを移動できるし、作業時パーライト袋の出し入れも楽ちん。

ただ、保水性はバーミキュライトより劣っているので、うっかり液肥水を切らしちゃうと、すぐ乾燥して、野菜たちが枯れてしまう。

また、これはバーミキュライトの時もそうだったのですが、液肥水を切らしちゃうと、トレイ自体ものすごく軽くなって、強風に耐えられなくて、そのまま文字通り、吹き飛ばされてしまう。

猛烈に暑かった日の午前中、うっかり液肥水を注ぎ足すのを怠ってそのまま出かけ、夕方帰ったら、ベランダからトレイがいくつもなくなった、ということがありました。

収穫する直前のキャベツや唐辛子、バジルなどのトレイがそのまま8階のベランダから1階にトレイごと落下。幸い落ちたところは更地で人に当たることなくて、不幸中の幸いといえよう。気をつけましょうね。

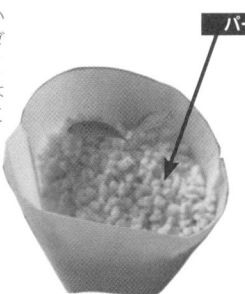

パーライト

*増し土＝鉢などの容器栽培で、栽培している途中、成長に応じて土を足し入れること。

寒冷紗（防虫ネット）

　野菜栽培で一番頭を悩まされている虫の問題。なんとか、薬を使わずに虫退治できないものかと、いろいろなものを防虫ネットとして試してみましたが、最終的に寒冷紗の購入を決意しました。ホームセンターにあります。

> 寒冷紗にたどりつくまでの話は61ページ参照

　寒冷紗は、畑での野菜作りをするとき、温度や明るさ調整、害虫や鳥よけとして使用されます。普通畝を覆うためのものなので、幅があって、とても長くて、経済的。

　自分はレンジフードフィルターのサイズに寒冷紗を裁断して使います。

　また、使った寒冷紗は洗濯して、トレイと支柱と同様に再利用しています。2シーズンめから、水耕に使う固定設備の費用がかなり低減されます。出費はというと液肥、種、それから水道水ぐらいです。

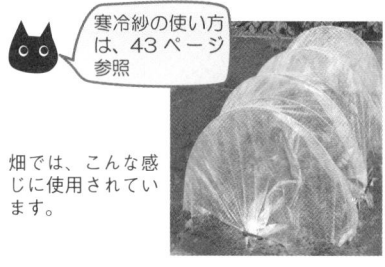

> 寒冷紗の使い方は、43ページ参照

畑では、こんな感じに使用されています。

針金（ワイヤ）

　防虫ネットをテント状に張るための支柱用に最初は100円ショップの円形支柱を買ってきて使用。直径が2mm、長さが60cmで、4本でちょうど1つのトレイに使えます。

　最盛期は18コのトレイと2ℓのペットボトルで30種類ぐらい栽培していましたので、ワイヤ代もバカにならなかった。しかも、近所の100円ショップに自分の欲しい長さのワイヤが常に在庫があるわけでもないので（あってもすぐ私が買い占めちゃう）、在庫待ちや、隣の町の100円ショップまで買いに行かなければならないこともありました。行ってみたら、置いてないって分かった時、結構がっくり来るもんだって。これは。

　なんかもう少しよいやり方はないかとある日、何気なくホームセンターを回ってみたら、ふっと目に入ったの。ワイヤの巻が。

　そうだ。これをペンチで必要な長さに自分で切断すれば、もう100円ショップ探しの旅が終わるのだ。

　しかし、それにしてもワイヤの1巻が1kgもあるんだよ。長さにしたら約20mもあるんだよ。たぶん一生ベランダ菜園をやっても使い切ることはないだろうなと思いつつも購入。だって、1巻が400円だもん。100円ショップで4セットしか買えない値段で断然にお得じゃん（←安いものに目がない）。

　とっても得したルンルン気分でうちに帰って、早速ペンチで自分の好きな長さに切断。支柱代わりにもなるし、つる類のつるを誘導するのにももってこい。我がベランダ栽培には欠かせないレギュラーとなりました。

　ちなみに、3シーズンを経てあれもこれもいろいろな場面に使用した現在に至っても、1巻の2／3がまだ残っています。

マジックテープ

　水耕にマジックテープとは？　どこでどういう役割を？　と不思議に思われるかもしれませんが、実はこれは考えに考えてやっとたどり着いた、我ながらいい思いつきの1つなのです。

　害虫退治のために寒冷紗をテントのように張る普通の畑ですと、寒冷紗のすその部分を上からブロックか石などの重いものを置いたりして風に吹き飛ばされないようにするようですが、水耕栽培トレイの場合はどうでしょうかね。毎日の水やり（液肥水の補給）のことを考えますと、しかもその数が20個近くもあることを考えると、できれば手早く開閉できるものがいいなと考えました。

　最初は洗濯ばさみだけで留めていましたが、縁と寒冷紗のわずかなすき間から、やはりアブラムシが入ってしまうのです。

　そのすき間を埋める方法はないかと、最初に両面テープを使用。でも、両面テープって繰り返し開閉には相応しくないのだし、もっといい方法があるはずだと、考えぬいた末にマジックテープです。

　トレイのまわりにマジックテープのB面を適宜数ヶ所に貼っておくと、寒冷紗は都合よくマジックテープのA面の役割を果たしてくれるので、まさにベストマッチなのです。

　開閉もしやすくて、寒冷紗を少しまくり、シャワー部（ハス口）を取ったジョウロの先端部をそのすき間から挿し込むと、簡単に液肥水の補給ができるのです。めでたし、めでたし。

スポンジ

　最初に試した水耕栽培では、スポンジを使って栽培。

　手頃なスポンジを探すのに、近所の 100 円ショップを回りまくりました。

　キューブ状のスポンジのまん中に「I」字状の切り込みを入れ、その上に種をまいて、水でスポンジを湿らせて、さらに上をトイレトペーパーで覆う、という手順を踏んで発芽させるのだそうだ。

　ところで、まさかこのスポンジを探すのに苦労するとは思わなかった。平面のスポンジだけ欲しいのに、近所の 100 円ショップで売られているものが、どれもかたいゴシゴシするためのものが付いているか、片面が波状になっているものかです。それではロスが多くてもったいない（すみません、貧乏性根性の丸出し）。

　結局100円で、一番数が多いものを購入し、こするためのかたい面（ナイロン不織布）を切り取ることに決定。まあ、カッターやはさみを駆使するのが得意ですからね。

　と、ついでにカッターナイフ用替刃も購入。

　そして、いざカット作業開始。まず、かたい面を切り取る。そして、縦に半分に裁断して、長方形 2 本。それから、1 本の長方形を 3 等分に。つまり、1 個のスポンジから 6 つのキューブが取れる。100円でスポンジ 12 個入りのものを購入すれば、6 × 12=72 個のキューブが取れる。それを最初 500 円分を買ったので、72 × 5=360 個を同時加工するハメになった。2.5 × 2.5cm 四方形のスポンジなんて軽いので、扇風機を回せば、すぐ部屋の中をころころ。うちのねこの格好のおもちゃとなったよ。追いかけっこなんかしちゃって大興奮。また、加工するため、自宅にあったバケツや洗面具が総出だったので、ねこたちはその中にダイブしたりしてまた大興奮。

　キューブ状にするのはまだ楽な作業で、スポンジのまん中に根っこが下に伸びやすいよう、I字状の切り込みを入れなければならないほうがしんどかった。来る日も来る日も I 字状の切り込み作業で明け暮れてた記憶しか残ってないです 2009 年の夏。

　そのうち、I字状切り込みがなくても根っこがちゃんと下まで貫通することができるとわかって、まず切り込みをやめた。次にスポンジを使わなくても発芽でき、かつ、お茶パックの折り方によって、植物のやわらかい茎を支えられる方法を発見してからは、完全にスポンジの使用から卒業。

　まだ自宅にスポンジから切り取った薄い不織布部分がわんさか溜まっていますけど、だれかこれのうまい利用法を教えてくれませんか。

　ちなみに、メラミンスポンジは、整形しやすいけど、かたいためか、野菜たちの根っこがうまくスポンジを貫通できなくて、しかも吸水性が均一（水がスポンジの下部に集中）ではないため、発芽はできても、成長はできないので早々と全滅。

トレイ

　発芽させるためのスポンジを並べるのに最適。スーパーでついてくる食品トレイで、最初は持ち合わせのトレイを利用しました。また実験の意味で、手元にあった製氷皿もちょうどスポンジのキューブが入るということで使ってみました。結論、スポンジが乾燥しないように注意を払って、適切な発芽温度であれば、どの容器であっても、発芽にはあまり関係ないように思えます。みんなそれぞれ自分にとって一番使いやすい容器を使うといいでしょう。

　私は、今はスポンジを使わず、トレイに直接種を入れ、水に浸して発芽させます。

　ちなみに、どこで読んだか覚えていませんが、植物は暗いほうが発芽しやすいようなので、スポンジを使わなくなってからは、できれば黒っぽいトレイで直まきして発芽させようとしていますが、気のせいか発芽率がよくなっている？

食品トレイ軍団。

ペットボトル

　液肥の作り置きの容器としてもよし、豆類などを栽培する容器として使用してもよしと、最初はいろんな場面で大活躍していたペットボトル。

　コーラから、烏龍茶、ミネラルウォーターのペットボトルまで、メーカーによってデザインが違います。私的にはKIRINのアルカリイオンの水2ℓの容器が一番使い勝手がよかったかな。かたすぎず、はさみで整形しやすい。加工する個数が多いと、はさみを持つ指を痛めてしまうんです。

　また、ラベルの少し下からはさみを入れて裁断する。ビニールのラベルをそのまま残しておく。切り取ったペットボトルの上の部分を逆さまにして、下の部分に挿し込むと、ちょうど具合がよくハマるのだ。また、支柱をラベルとボトルの本体の間に対角に挿し込んでおくと、針金の外にハネようとする力で支柱が固定される。上にどんどん伸びるオクラや豆類の栽培に、最初はこの手作りペットボトル栽培容器を使用。

　インターネットを検索すれば、自作ペットボトル栽培容器の作り方がいっぱい出てきます。

オクラ栽培に使用。

ペットボトル加工方法は、105ページ参照

　必要な材料はペットボトル、バーミキュライトが下に落ちないためのネット、サイフォン原理を利用し、下部の容器から液肥水を吸い上げるためのフェルトです。または遮光するため、ペットボトルの胴体をアルミホイルで包む方もいらっしゃるようです。私は遮光は一切していません。

　豆類はちゃんと成長してくれて、最終的にもいんげんまでなってくれましたが、1シーズンでこの栽培方法をやめました。

　というのは、ペットボトルの加工が大変なのと、液肥水にずっと浸かっているフェルトにコケができて、次第にカビが付き、腐ってそうだからです。

　今は、よい方法を模索中です。

シリマー

　液肥は、原液を薄めて液肥水にして使います。インターネットで、作り置きする方がいらっしゃるのを見てから、そのつど液肥水を作るのをやめて作り置き派になりました。

　私は、ハイポニカを使って大量に作り置きするので、基本的にはA液とB液それぞれ6ccを3ℓの水で薄めて、ハイポニカ水を作っておきます。ハイポニカの青いキャップの容量はちょうど6ccで最初はそれを使っていましたが、より正確にかつスピーディーに吸い取りたいから、100円ショップの化粧品コーナーにてシリマーを購入。それ以来、快適に原液を吸い上げています。

　ところで、同じように吸い上げているつもりでも、最後の段階になるとA液とB液の残留量に差が出るのはなぜでしょう。でもそんなことも、そのうちあまりいちいち気にしなくなりました（いいかげんですみません）。

　また、量った後、シリマーで水道水を吸い込んでハイポニカ水のなかに出しておくと、液肥が残ってシリマーの目が詰まるようなこともなくなりますよ。

　そうと気づくまでは外側だけ洗っていたため、管のなかに液肥が残っていて、乾いて白い砂利のようなものができていました。

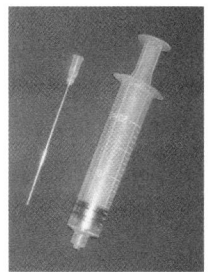

いんげんの栽培。

いろいろなタイプのペットボトルが活躍。

種選び

気晴らしは種コーナーめぐり

　ウィンドウショッピングが好きな友人から「普段の気晴らしにいつも何をやってるの」と聞かれた時の私の最近の答えは、
　「種コーナーめぐり」
　地味ですみません。あんまりブランド品とかには興味がないものですから。けどこれも立派なウィンドウショッピングですよね。
　新しい種を見つけるたびに、「これは水耕に適してるかしら」と気になり、思わず手に取ってしまいます。実は、水耕栽培を始めて最初の1年は、どれが水耕栽培に適してるかまったく見当もつかなかったので、種コーナーにあった気になる種類の種を買っては試していました。種を買って、いそいそと自宅に戻ると、ひと通りトレイに入れ、水につけて暗いところに置き、ひたすら発芽するのを待つ楽しみ。もちろん失敗も山ほど。例えば人参とかアスパラとかスイートコーンなんて水耕栽培では無理でしたね。まあよくよく考えれば、人参なんて水耕栽培でできるはずないってのは、

水耕栽培1年め。とにかくいろいろな野菜を試しまくった。

すぐに分かるはずなんですけど、当時の私は「とりあえず試してみよう」気分でいっぱいだったんです。

　ちなみに、人参も、アスパラも、スイートコーンもちゃんと発芽はしました。スイートコーンなんて、ジャックと豆の木なんて目じゃないほどの勢いで生育しました。けど、ある程度までは水耕栽培で育てることもできますが、さすがに収穫まで育てることは無理。そのまま枯れさせるのもかわいそうなんで、畑付きの自宅を持っている友人に寄付させていただきました。畑では順調に生育してくれたようですよ。

種っていつでもあるわけじゃないのね

　話が脱線しました。種選びでしたね。私の場合、最初のうちは、ホームセンターや東急ハンズの園芸コーナーで購入していました。ところがある日、100円ショップのダイソーでも、野菜の種が2袋105円で売られているのに気づいてしまったのです。それからはもっぱら100円ショップ専門。2種類105円なら、失敗してもいいかなと思うし、気が済むまでいろんな種で発芽、栽培実験できますからね。100円ショップ最高！

　ただ、注意しなければいけないのは、種も旬の商品だってことです。ある時、いつも通りに近所のダイソーに入るなり園芸コーナーに直行したら、種が一切店からなくなっていたんです。せっかく20分も自転車を漕いで、いろんな種に会えることを楽しみにやってきたのに……。

　そのまま引き下がるのもシャクなので、店員さんに聞いてみました。

　私：あの、野菜の種が欲しいんですけど。

　店員さん：あれは時期的なもので、今年の春まき種はもう扱ってないですよ。

　私：え!?

　店員さん：秋まきの種が出始める頃にはまた店頭に並べますので、その時にまたお越しください。

　という会話の結果、ダイソーでは、春まきの種のシーズンと秋まきの種のシーズンにだけ野菜の種を扱っていることが判明しました。確かに水耕栽培でも、発芽させる時期を間違えればうまく成長しません。大自然の神

秘を感じますよねえ。

　そこで、注意点。

「種を入手するのなら、栽培シーズンにあった種を入手しましょう。」

　ということです。春先や初秋は、種まきシーズンですから、いろんな種にめぐり合うチャンスですよ。

いろんな種を発芽させるだけでも楽しい！

　また、種にも保存期間があります。保存方法を工夫することで（保存方法については後で説明しますね）、ある程度長く保存することができますが、やはり古い種だと発芽率が下がってしまいます。

　そこで、注意点。

「種を入手するなら、なるべく新しい種を入手しましょう。」

　栽培シーズンなどそれぞれの種についての細かい注意点は、種の入っている包装の裏側にきちんと書かれていますから、よく確かめてから買ってください。

　まあ、発芽させるだけであれば、結構いろんな種類の野菜を発芽させることができます。若いうちにベビーリーフや、スプラウトとして、サラダに使ったり、お味噌汁のなかに、ちょこっと入れて食べてしまうということもできるので、失敗覚悟でいろんな種を購入してトライしてみてください。

　まいたその日から、毎日ワクワクドキドキに間違いなし！

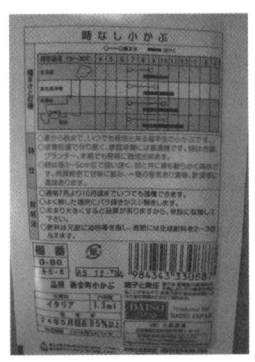

包装の裏面。栽培シーズンなどの情報が書かれているので、しっかり確認。

おいしい野菜の種を「食べまき」する

「種って、お店で買わなきゃだめなの？」

いいえ、そんなことはありません。別にお店で買わなくったって入手する方法はあります。

私のお気に入りは「食べまき」。

「食べまき」ってなあに？　と思われる方もいるかもしれませんが、単純です。食べてみておいしいと思った野菜から、種を取り出しちゃえばいいんです。私がこれまでトライしてみた「食べまき」野菜は、トマト、ピーマン、アボカド、ゴーヤなど。

ここでは、ちょっと細工が必要な、トマトとアボカドについて説明しますね。

まず、おいしいと思ったトマトを見つけたら、スプーンを使って、種をゼリー状の部分ごと取りだします。このゼリー状の部分には、発芽を邪魔する成分が含まれているそうなので（情報源は、私の母。母は、園芸が大の趣味。いわば私にとってはマザーズ・グリーンハンド!!　困った時は何でも相談してみます）、水でゼリー状の部分をきれいに洗い落してあげた後、ティッシュで包んで風通しのいいところに置いて、丸1日乾燥させてあげます。乾燥したら「食べまきトマト」の種の入手完了です。ピーマンやゴーヤなども種の部分だけ取り出しちゃえば、ちゃんと「食べまき」ができるんですよ。

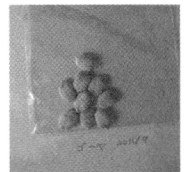

ゴーヤの種。

トマトの「食べまき」については、トマト栽培（180ページ）で詳しく紹介しています。

グリーンハンド

栽培して採取した水菜、小松菜、からし菜の種。写真の一番下の種は食べまき用に取ってあるトマトの種です。

アボカドは観葉植物として楽しもう！

お次は、アボカドです。

私は大のアボカド好き。スライスして、わさび醤油でいただくと……うーんまるで上質のトロを食べているようでたまらないですよね。おっと、脱線、脱線。種の入手方法の話でした。

まあ、アボカドを食べれば、当然、種が残ります。以前は、「さすがに水耕栽培でアボカドの木を育てるのは無理でしょう」とあきらめて、種はそのまま捨てていた私ですが、ある時突然ひらめきが!!「アボカドの木を観葉植物にしちゃえばいいんじゃない!!」と。よく100円ショップでちっちゃな観葉植物を売ってますよね。アボカドを観葉植物にしちゃえば、わざわざお金出して観葉植物買う必要がなくてお得じゃないですか──というまあ発想の転換から、アボカドの発芽にトライ。ちなみに台湾にはつい最近までアボカドが存在していなかったことから、我がお師匠であるマザーズ・グリーンハンドもアボカドの発芽方法は知らなかったので、インターネットで調べてみました。

その結果、種をそのまままいても発芽率は低いことが判明。1つは、種のまわりに付着した果肉の問題。これをきれいに洗い落とさないまま水に浸けてしまうと、水が腐りやすくなってしまうんです。ですから、種に付着した果肉は、水できれいに洗ってあげてください。

次の問題は、アボカドの種がかたいこと。そのままではやはり発芽の妨げになるので、発芽しやすいように種の底の部分にあらかじめ傷を

イーファのアボカド発芽法

(1) よく洗って、まわりの果肉をきれいに落とす。

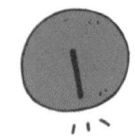

(2) 種の底に傷をつける。

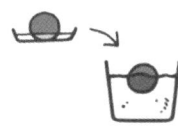

(3) 2〜3日間浅い皿で水に浸してから、土に埋める。

Point
種に付着している果肉をよく落とす。

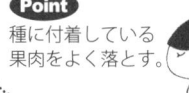

つけておいてあげることが必要になります。これだけで、アボカドの種の準備は完了です。

こんな「食べまき」の方法で種を準備する以外にも、自分の育てた野菜を全部食べちゃわないで、種をつけるまで育てちゃう方法（バジルなんか簡単に種が採れちゃうので、最近はバジルの種を買ったことがありません）、それに栽培仲間からもらっちゃう方法もあります。

野菜にはいろんな種類がありますよね。バジルにだって様々な種類が。例えば私は、ジェノベーゼソースなんかに使うスイートバジルも大好きですが、台湾料理に使う台湾バジルも大好物。葉っぱが普通のバジルよりも細長くて、独特な香りがあって、炒め物、揚げ物、肉料理、魚料理などなんでも応用可能なハーブなんです。ところが、日本では、スイートバジルの種は売っていますが、台湾バジルの種はなかなか売っていません。こんな時に頼りになるのが栽培仲間。私は、畑いっぱいに台湾バジルを栽培している達人 から、種を分けてもらい大満足。

おすそわけしてもらった種。達人 ちの畑で取れためずらしい中国野菜のものも。

種をまく

種まきにはやる気持ちを抑えつつ

　種を準備したら、一刻も早く種まきしたいって誰でも思いますよね。
　まあ、普通に土を使って栽培するのであれば、土に小さな穴を作って種を入れ、軽く土で覆った後、水やりをすれば終わり。とまあ至極簡単なことなんですよね。
　でも、土を使わない水耕栽培では、少し方法が違います。
　基本的には、トレイに種を入れて水で浸せば、もう自然の摂理とか大自然の神秘の力で自然と発芽してくれます。
　だけど種の中にはそれじゃだめな場合もあるんです。暗中模索で試行錯誤を繰り返した結果、分かったことを説明していきますね。

水に浸けるだけの簡単種まき野菜たち

　まずは、私が試してみて、実際に水に浸けただけで発芽してくれた種の種類から。
【100円ショップで2袋105円で購入した種】　バジル、オクラ、しそ大葉、丸葉こまつな、チマサンチュ、サラダみずな、レタス、つるなしいんげん、アスパラガス、はやどりキャベツ、時無し五寸人参、カラフルコーン、早生枝豆
【ホームセンターなどで購入した種】つるなしいんげん豆、一本太葱、セ

ルリー、新山東な、ミニこまち、万能葉ねぎ、ガーデンレタスミックス
【その他で入手した種】からし菜、唐辛子、トマト

　これらの種は、「トレイに種を入れて水で浸せば、もう自然の摂理とか大自然の神秘の力で自然と発芽して」くれます。

　方法を説明しておきましょう。

　初心者の方には、スポンジを使う方が発芽率がよいと思われますので、まずは、スポンジを使った方法から。

　このスポンジを使用した発芽方法はかなりの確率で種が発芽します。私

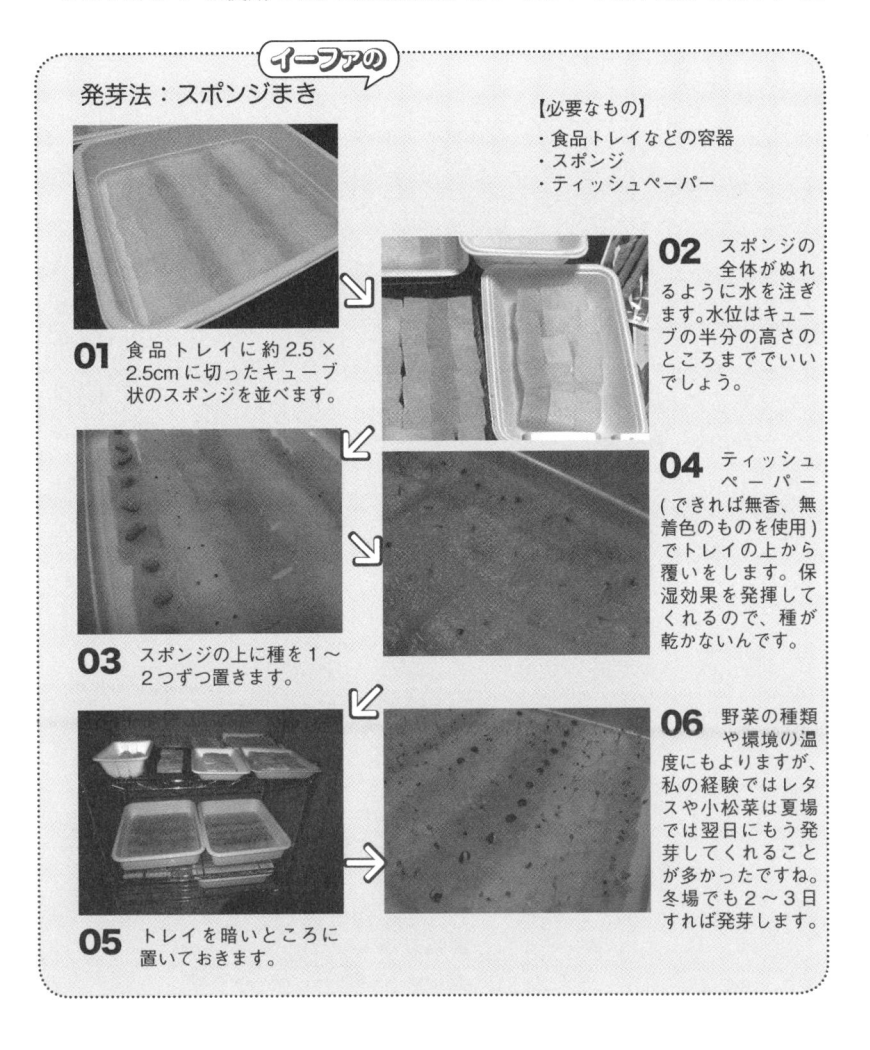

イーファの発芽法：スポンジまき

【必要なもの】
・食品トレイなどの容器
・スポンジ
・ティッシュペーパー

01 食品トレイに約2.5×2.5cmに切ったキューブ状のスポンジを並べます。

02 スポンジの全体がぬれるように水を注ぎます。水位はキューブの半分の高さのところまででいいでしょう。

03 スポンジの上に種を1〜2つずつ置きます。

04 ティッシュペーパー(できれば無香、無着色のものを使用)でトレイの上から覆いをします。保湿効果を発揮してくれるので、種が乾かないんです。

05 トレイを暗いところに置いておきます。

06 野菜の種類や環境の温度にもよりますが、私の経験ではレタスや小松菜は夏場では翌日にもう発芽してくれることが多かったですね。冬場でも2〜3日すれば発芽します。

も水耕栽培に慣れるまでは、この方法を実践していました。

　もっとも、この方法は、スポンジを準備するのが面倒です。

　そこで、最近の私はスポンジは使用していません。その方法を説明します。

　私が試した方法はこんな感じです。

　種の種類別にトレイを使用。

　トレイに種を入れ、水を注入。

　スポンジの時と同じく、水を切らさないように注意しつつ、トレイを暗い場所に置いておくと、数日間で発芽します。

　大事なポイントはうっかり水を切らさないことです。しかし、水をいきなり入れすぎて、種が呼吸できなくなると、発芽しないこともあります。レタス、小松菜など小さい種の場合の水位は5mmぐらいで、豆類の場合は、豆全体が水にヒタヒタに浸かるくらいの水位がベストです。豆類はかなり膨張しますが、膨張したまま、発芽せずに、粉々になって腐ってしまうこともあります。夏場は水分の蒸発が早いので、水が少なくなったなと思えば、水を注ぎ足してあげます。

イーファの発芽新兵器とは？

　暗いところに置くと発芽にいいと聞いたので、しばらく実践してみましたが、そのまま忘れて、はっと思い出したときには水がすっかりなくなってしまっていたこともしばしばありました。そこで、私の場合は、台所のカウンター

> スポンジについては18ページ参照

イーファの発芽法：トレイ直まき

【必要なもの】
・食品トレイなどの容器

【種まきの方法】

種の種類別にトレイを使用し、種を入れたトレイに水を注入。

Point
・水を切らさない。
・適切な水位を保つ。

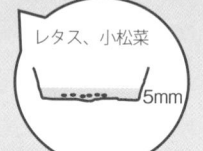

レタス、小松菜 5mm

豆類 ヒタヒタ
水を入れすぎると腐って粉々になる。

のところに置くことにしました。台所や冷蔵庫の近くならしょっちゅう行きますので、忘れることもなければ、発芽の過程も観察できて楽しいです。暗いところといっても、真っ暗な場所である必要はありませんし、水やりを忘れる危険を冒すくらいなら、多少明るくても、目につくところに置いておいた方がいいですね。

食品トレイは、黒っぽいものを使っています。暗いところに置く代わりになるかな思って選んでいるのですが（科学的根拠があるわけではありません）、発芽率は悪くありませんね。

ところで、最近さらによい容器を発見しました。クッキーなどお菓子類によく使われているプラスチック製の仕切容器です。1個の容器が複数に仕切られているおかげで、多種類の種を入れることができて、場所もとりません。最近のお気に入り発芽新兵器です。

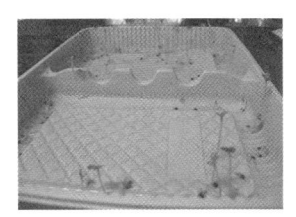

複数に仕切られているので、多種類の種を入れることができて便利！

さらに、注意を払ってほしいことがあります。トレイに種を入れて野放し状態にすると、発芽して苗が大きくなることによって、根っこどうしが絡まってしまい、植え替え作業で手間取ることになりかねません。絡み合った根をほぐそうとして、せっかく大きくなった苗を折ってしまうことも。ですから、小さすぎる容器は使わないようにし、種を入れすぎないようにしましょう。

注意
・容器は大きめに
・種を入れすぎない

根が絡まりあって大変！
苗を傷めてしまいます。

もっと手抜き……？

最後に説明する方法は、さらに手間を省こうと私が考えた方法です。

《お茶パック直まき法》
【種まきの方法】

　まあ、この方法、よくいえば、好奇心旺盛、チャレンジ精神あふれる私ならではの、悪く言えば、単なる手抜き野郎の方法です。土栽培でいうと直まきの方法ですね。つまり、土の中に直接種をまく代わりに栽培用資材のバーミキュライトやパーライトに直接まいちゃえって方法です。

　そして、鉢やプランターの代わりがお茶パック。方法を詳しく説明していきます。

（1）お茶パックを裏返し、座りがよいようにしておきます。

（2）バーミキュライトかパーライトを、お茶パックの半分ぐらいまで入れます。この時スプーンを使うと便利ですよ。

（3）種をバーミキュライトかパーライトの上に置きます。

（4）さらにバーミキュライトやパーライトで種を軽く覆います。土栽培でいうと覆土でしょうか。

（5）お茶パックをジャンボすのこバットの上に移します。

　野菜の種類にもよりますが、葉っぱが横に広がりそうなものは、お茶パックの数は少なめに。もちろん、野菜たちが大きくなったら間引きをすればいいと考える人は、ぎゅうぎゅう詰めでもかまいませんよ。私の場合は、A4サイズのジャンボすのこバットに、バジル、コリアンダー、レタス、小松菜など根っこの薄い野菜の場合は、4×4＝16袋、もしくは4×5個＝20袋のお茶パックを並べます。

> 必要なもの
> お茶パック
> パーライト
> 水きりバット

用語解説 ・・・

覆土（ふくど）
種の上に土をかぶせること。また、かぶせた土のこと。

間引き
苗が成長して込み合ってきたら、苗と苗の間の間隔を、成長に適したものに保つよう、ところどころ苗を抜き取る作業のこと。

（6）あらかじめ作っておいた液肥水（ハイポニカ水）を注ぎます。

　この時、大事なのは水位です。発芽してから植え替えた場合は、お茶パックの底面から0.5～1cmぐらいまで液肥水を注ぎますが、直まきの場合は、パーライトの保水性がよくないため、多めに注ぎます。大体底面から2cmです。

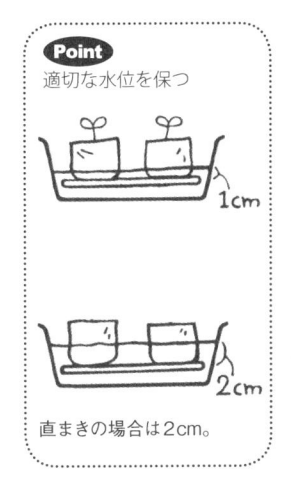

Point
適切な水位を保つ

1cm

2cm

直まきの場合は2cm。

どの種まき方法を選ぶかは あなた次第

　確かにお茶パック直まき法は、手順も少なくて作業的には一番楽です。しかし、食品トレイを発芽作業に使った場合、発芽の状況が確認できますし、移植の際、一番元気なものを選んで植え替えることができるので、成育率は9割程度まで高まります。他方お茶パック直まき法の場合、成育率は5～6割方程度ですかね。

　つまり、楽を選んで収穫が少なめのほうを選ぶか（お茶パック直まき法）、ちょっと手間をかけて、成育率が高いほうを選ぶか（トレイまき法）、あなた次第です。お茶パック直まき法の成育率を上げる改善法として、お茶パックに種を2つ入れておいて、あとで間引きするということも可能です。

　ただ、パーライトは保水性が悪いため、水位をチェックするのを怠ってしまうと、お茶パックの中のパーライトのうち、水に浸かっていない部分が乾燥しきって、種を死なせてしまう可能性が大です。

　私の場合、夏場に何回かお茶パック直まき法で失敗し、トレイまき法に戻ってやり直しを余儀なくされ、そうこうしているうちに、すっかり種まきの時期をのがしてしまって臍を噛む思いをしたこともありました。

　結局、私は今のところ、野菜の種類や時期に合わせて、トレイまき法とお茶パック直まき法を使い分けています。たとえば、夏場の豆類はお茶パック直まき法、レタスなど種の小さいものはトレイまき法をずっと使用しています。

種をまく 番外編

発芽失敗続きのコリアンダー

　次に、発芽までひと工夫必要な種のまき方を番外編で説明します。

　それは、香菜（コリアンダー）です。

　私にとってベランダ栽培のインセンティブというかモチベーションを盛り上げてくれるきっかけとなった香菜。実は私、香菜を食べたい一心で水耕栽培をはじめたと言ってもいいくらいなんです（←単なる食いしんぼ）。

　今では順調な香菜栽培ですが、最初は茨の道、苦難の連続でした（←超大げさ）。

　実は香菜の実の中には２つ種子が入っています。そのまままくと種が発芽しにくいので、実を割って種を出してからじゃないとだめ。

　こんな常識を持っていなかった私は、レタスや小松菜や山東菜の種と同じように、というか違いがあるなんて思わなかったので、トレイにコリアンダーの実ごと入れて水浸しにしておいたところ、いつまで経っても発芽してくれなかったんです。20日経った頃には、カビが生えて腐ってしまいました。とほほ……。

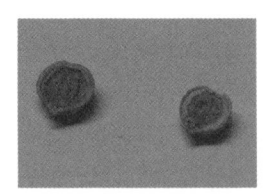

コリアンダーの種は、このように割ってから水に浸ける。

コリアンダーは、１つの実に種子が２つ入っている。種を割らないと、このように２芽出てくる。

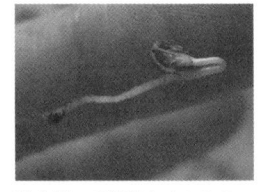

種を割って発芽させたもの。

パソコンにしがみついてみるも
発芽法にたどり着けず……

　下手な鉄砲数撃ちゃ当たるだろうと、2回めは種（本当は実）の数を増やして同じ方法で水浸しにし、暗いところに移してそっとしておけば芽が出るかもしれないと思っていたら、そのまま忘れて、干からびてしまいました。どうも、私の場合は、目に見えるところにトレイを置いておかないとその存在を忘れてしまうようなのです。

　三度めの正直、今度はちゃんと調べてから種をまこうと思い、パソコンの前にしがみついて調べるも、調べ方が悪かったのか、すでにうまく成長しているものの情報しかなく、肝腎な発芽をさせる情報にたどり着けません。

　そんな時、インターネットよりも役に立つ存在であるのが我が母。

　さっそく、台湾の実家にスカイプ。

　私：ママ、香菜の種がどうしてもうまく発芽しないよ。なんで？

　母：あの丸い実を割らないと、そりゃ芽が出てこないわよ。

　私：（大いに驚き）え!?　実を割る？　どうやって!?

　母：トンカチで割るか、ティッシュで包んで上からビール瓶を転がしてやれば簡単に割れるよ。

　私：真的嗎？（「本当？」ていう意味の中国語です）

　母：騙されたと思ってやってみな。

　私は炭酸飲料が苦手なので、我が家にはビー

ル瓶こそありませんが、ワインの瓶なら転がっています。ビール瓶代わりにワインの瓶を使って、香菜の実にロールをかけて、割れて出てきた種をトレイで水浸しにして待つこと数日、今度はちゃんと発芽してくれました。

　ママ、謝謝！

　これで、問題解決と思いきや、そうは問屋がおろしませんでした。

> コリアンダーの発芽方法は、90ページ参照

注意
種が粉々にならないようにロールをかけてくださいね。実がまっぷたつに割れるのがベストです。

発芽率は、ひょんなことから一気に上昇

　発芽率が異常に悪いんです。発芽率1割ぐらいといったところでしたか。それでも打率ゼロよりはましだと思う私は、その奇跡（私の頭のなかではそう定義された）に近い発芽した香菜の赤ちゃんを大事に大事に育てました。

　ところで、料理に惜しみもなく香菜を使いたいという台湾人の血が騒いでいた(台湾人にそんな血があったっけな)私は、香菜の発芽率を上げるべく昼も夜も寝る間も惜しんでその研究に没頭したと言いたいところですが、実際は、ひょんなところでコツをつかんでしまったのでした。

　それは、種を水に浸して数日おいても一向に発芽の気配がなかった種を、栄養分として土に帰してあげようと思って、土栽培をしていたプランターに捨てたことがきっかけでした。まさにけがの功名でしたね。

　水に浸した種を捨てたのは確か、2010年の夏の猛暑日でした。我が家の土栽培用プランタ

毎日採れたて！イーファの水耕栽培

にょろにょろと発芽したコリアンダーの赤ちゃんたち。

掘り起こして、お茶パックに植え替え。

ーにどぱっと水ごと捨てて、そのままそのことを忘れていました。

　ある日、プランターの中になんか小さな緑の点があるのがふっと目に入りました。なんだろうと近づいてよく見ると、小さな芽が出てきているではありませんか。まだその段階では、何の芽なのかは分かりませんでした。もしかして、小鳥が運んできた雑草かなんかの芽かもしれませんしね。

　その数日後、なんか見覚えのある芽がにょろにょろといっせいに上を向いて、かいわれ大根状態で発芽しているのに気がついてびっくり。

こ、これ、香菜の赤ちゃんでは！？

　その後、土から香菜の赤ちゃんを大事に掘り起こして、水耕用のお茶パックに移植して水耕栽培へ。

コリアンダーをたっぷりおすそわけ

　2010年の秋から始まった香菜の大量栽培。結局、香菜を1ジャンボすのこバットに約4×5＝20株で、3ジャンボすのこバット分、つまり合計60株もの香菜の栽培に成功しました。

　毎日のように香菜を採取し、好きなだけ香菜を料理に使うことができて

種をまく　番外編

35

とても満足でした。しかも、約60株っていったら自分独りでは消費しきれない量（かつて1株や2株しか栽培してなかった時期からみると夢のような話ですが）なので、知り合いの外国人仲間にたくさんおすそ分けもできました。それこそ、台湾のみならず、中国、タイ、インドネシア、バングラデシュ、ベトナムの友人、みんな香菜が大好きなので、大変喜んでくれました。

その見返りってわけではありませんが、お国の料理のレシピもたくさん教えてもらいましたよ。

結局、コリアンダーみたいに発芽までに時間がかかる野菜は、水に浸けるだけの発芽方法には適していないことが判明しました。私が見つけたのは、種を数日水に浸け置きしてから土にまく方法。これが現状では一番発芽率が高いのです。もちろん毎日の水やりは忘れないでくださいね。

つまり、場合によっては、

> 水耕栽培にこだわらず、土栽培と水耕栽培を組み合わせると成功する場合があるんです。

60株のコリアンダー栽培に成功！　知り合いにもたっぷりとおすそ分け。

種の保管方法

えっ、種にも寿命があるの？

　とりあえず、それまで栽培したことのない新しい種を見かけると、買ってみたくなるのは人情（？）ですよね。そんなわけで、我が家には使い切れない種がたくさんありました。

　水耕栽培を始めた当初は、「使い切れないなら、また来年も再来年もあるから」と自分に言い聞かせ、たくさん買い込みました。この頃は、種にも食べ物でいう賞味期限があり、寿命があることも知らずに……。

　我が家のような極狭ベランダでは、スペースや日当たりの関係で、多くて20水切りバットを設置するのがぎりぎり。

　好きな野菜は、複数の水切りバットを使ってしまいます。実験的に栽培してみたいものは1つの水切りバットに2種類。コンパニオンプランツ（128ページ参照）という意味も兼ねて、たとえば、トマトの水切りバットにバジルの苗を植えたりしました。

　このように我が家では少数精鋭多種類制を取り入れているので、1回開封して使う種は多くて10粒〜20粒。どうしても種が残ってしまいます。

　100円ショップの種にたどり着くまで、ホームセンターや東急ハンズで種を購入していましたが、ひと袋の種の数がともかく多い。使い切れそうにありません。もう少し量を減らして、値段を安くしてくれればいいのにといつも思っていました。今はスーパーでも独り暮らしの人のためにミニパックがあるというのに、種も独り暮らしパックがないのかしらと変な疑問を持つ私（←意味がわからない）。

あります！　コンビニなどで販売。

種も生きているので、開封して温度や湿度が変わることにより、当然老化して、翌年からは発芽率が下がります。
　1年めはそんなことはつゆしらず、開封したパッケージを折り曲げて洗濯ばさみで留めて室温で放置してました。やがて2年めの種まきの時期になり、袋を開けたところ、虫に食われた痕跡や干からびた種まで。
　案の定、水に浸けようとしても、半分以上浮いてしまって、発芽率は最悪でした。

余った種は密封して冷蔵庫で保存

　そこで、例によって台湾の実家とスカイプ。
　私：ママ、去年取っておいた種が全滅したんだよ。超がっくり。
　母：種だって生きてんだから、あたしだって毎年新しい種を購入して使ってるよ。
　私：うっそ、そんなの全然知らなかった。
　母：だって、あなた、今まで園芸なんてまったく興味なかったから。
　私：……。
　というような内容の会話を経て、種の保管方法の大切さを知った私は、使い残した種が少しでも翌シーズンに使えるよう、使う分だけ取り出しては、すぐ空気を押し出すように折り曲げてセロハンテープで密封。さらにチャック付の保存袋に入れ、冷蔵庫で保管するようになりました。（注：野菜室ではありません）
　もちろん、それだけ注意しても新しいものと比べて発芽率は落ちますが、それでも種類によ

っては打率、じゃなかった発芽率5割以上を維持しているものもあります。たとえば、トマトや、ナスなどのナス科、小松菜、白菜のアブラナ科、そしてウリ科のきゅうりです。バジル、コリアンダー、とうがらしもセーフでしたね。

類は友を呼ぶ、種友だち

でも、最近は、できれば新しい種を使おうと、できるだけ100円ショップの種（少量多種類）を購入しています。

それでも余ってしまった分は、園芸仲間と種交換したりおすそ分けをしています。

台湾バジルの達人は、いつも自宅の畑から来年に使う種の分を採取しキープしているから、私の分もお願いして取っておいてもらったり、どうしてもほしくなった種を購入した場合、むりやり達人にあげて畑で栽培してもらい、その栽培経過を聞いたり、栽培の成果までちゃっかりもらっちゃったりしています（きっと達人にとって、私は悪友なんだろうなあ）。類は友を呼ぶ効果なのか、いつの間にか私の周りになにかしらの形で野菜やお花（すみません、私は食べられるものしか興味がありません）を栽培する同好者が増えたのです。

そして、種から始まった物々交換も、いつの間にか農作物交換になったりレシピ交換になったりで、いつしかお互いの友情も深まっていったのです。私にとってこんな仲間が増えたことが、水耕栽培の最大の収穫かもしれません。

水菜　　小松菜

からし菜　　サンチュ

達人からもらった種。この種から育てた野菜たちの様子は、各ページへ。
水菜：138ページ
小松菜：124ページ
からし菜：133ページ
サンチュ：152ページ

植え替え

種まきから1週間後に植え替え

　種たちも順調に発芽して、まいてから約1週間後、いよいよ植え替え作業に入りたいと思います。

種をまいて約1週間後の幼苗の様子です（秋）。

■植え替え作業に必要なもの

植え替え時に準備するもの
・お茶パック
・パーライト
・水切りバット（ジャンボすのこバットを使用）
・寒冷紗（サイズ：90×70cm）
・ワイヤ（太さ：2～3㎜　長さ：60cm）

その他の小道具
・スプーン
・竹串か、ピンセット
・ドリルか、錐
・洗濯ばさみ
・マジックテープ
・ペンチ

肥料

道具類の解説は15ページ参照

肥料については46ページ参照

材料、道具類はあらかじめそろえてから作業にかかりましょう。

毎日採れたて！イーファの水耕栽培

植え替え作業前に準備しておくこと

　次の作業を植え替え作業を行う前にしておくと、あとの本番でじたばたせずに便利です。

■お茶パックの準備　　裏返して器の形にしておく。必要な数だけあらかじめ準備。

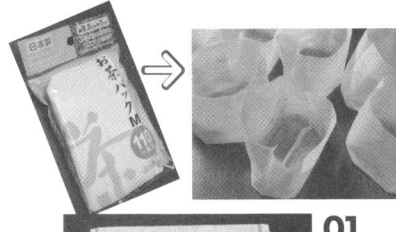

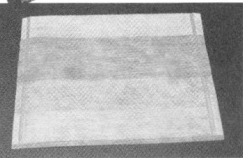

01 お茶パックを1枚用意。

02 袋状になっている底に指を入れます。

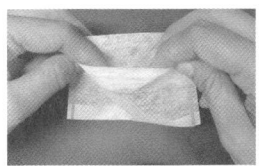

03 隅が重なり合うように中央に寄せます。

04 口が開いている方に親指を入れます。

05 お茶パックの両側を挟むようにします。

06 お茶パックをひっくり返します。

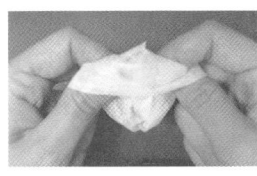

07 人差し指で押すようにします。

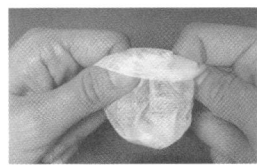

08 全体をひっくり返しました。

09 縁を伸ばします。

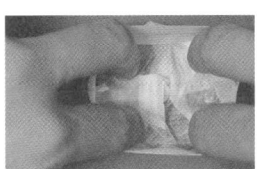

10 お茶パックが自立するように開きます。

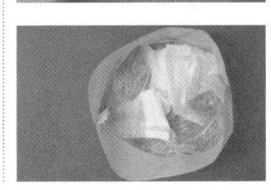

11 できあがり！

植え替え

■水切りバットの準備

マジックテープを適当な長さ（私の場合は4cmほど）に切って、水切りバットの側面に数ヶ所貼っておきます。

この側面は、水やりのときに開けるので、マジックテープはつけない

マジックテープ

水切りバット

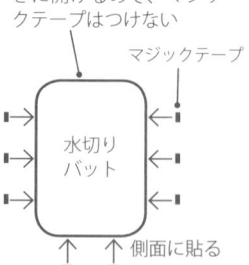

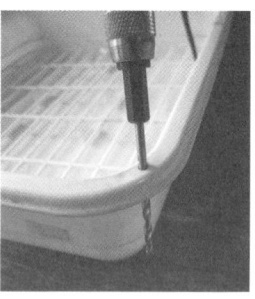

側面に貼る

水切りバットの四隅に電動ドリルや錐で穴をあけておきます。

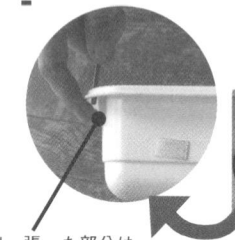

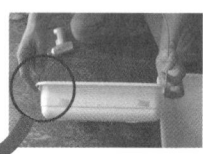

この出っ張った部分は避けて、穴を開けます。

このようにワイヤを通します。

道具類の紹介2 支柱関係

わりばし

　さやエンドウ、枝豆、いんげんを栽培する時に支柱として使用。最初は使い勝手がよかったので、苗が20cmの高さになるまで使いました。ところで、湿気のせいか、土に挿し込んでいる部分からカビがついて、そのうち腐りました。ワンシーズンで使用中止。

　針金を使用するまで、支柱の部分ではわりばしを使っていました。トレイの裏側にセロハンテープで留めるというとてもちゃちいもの。風にはまったく耐えられないその場しのぎの装置でしたが、それでも針金が登場するまでは頑張ってもらいました。

竹串

　豆類の芽が5cm以上伸びて、そろそろつるを這わせるための支柱が欲しいなという時の代用品に使用。わりばしと同じようにそのうちカビがついて、土に挿している部分から腐ってきます。腐るまで使うほうが悪いか。

プラスチックコップ

　ちょっとした加工をすることで、支柱として使えます。プラスチックを細工するのも大変手間がかかるし、なにより出費がかさみますし、なにせ、ワンシーズン使った後、コケがこびりついて洗い落とすのも大変ですし、そのまま捨てるのもゴミが増えて環境にやさしくないので、以来、葉野菜やハーブ栽培ではプラスチックコップを使うのはやめました。しかし、根野菜のミニ大根やトマトの栽培にはやはり必要です。2回めのミニ大根栽培の時に、プラスチックコップなしでお茶パックだけでの栽培を試みましたが、ミニとはいえ、重さで倒れて、液肥に浸かりっぱなし状態になり腐敗し、大失敗。

　プラスチックコップの代わりになる支柱的なものがまだ見つかりません。

ビニタイ

　豆類やつる類が成長してきたら、茎やつるを支柱に結って方向を固定させるのに使います。複数本のわりばしを支柱に使う時、結束バンド代わりにも手軽に使えて便利です。

毎日採れたて イーファの水耕栽培

寒冷紗の使い方

きらーん☆

寒冷紗は、直接水耕栽培とは関係ありませんが、防虫ネットとして効果抜群だったので、おすすめ。特に幼苗の時は、虫だけじゃなくて、スズメやカラスなどの鳥類も狙ってくるので、あったほうが苗も安心して成長できるはず。

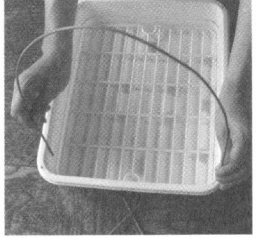

ワイヤは、必要な長さ（私の場合は60cm）にペンチで切断しておきます。水切りバット1個につき、2本ずつ用意します。

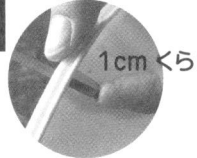

1cm くらい

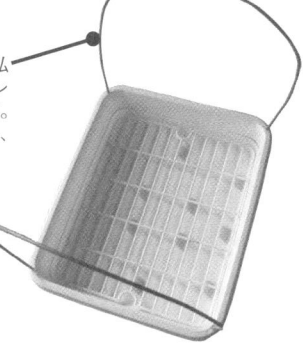

01
水切りバットの穴にワイヤを挿し込み、アーチを作ります。

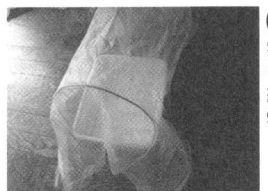

02
寒冷紗をかぶせます。寒冷紗の大きさは、90×70cmにしています。

03
寒冷紗の下端は、水切りバットの底すれすれの高さにします。

04
寒冷紗の端を合わせ、くるくると折り曲げていきます。

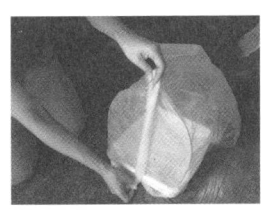

05
ワイヤのところまで、折り曲げます。

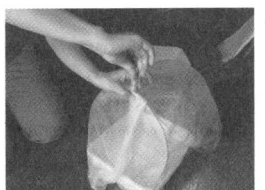

06
ワイヤのところまで折り曲げたら、洗濯ばさみで留めます。

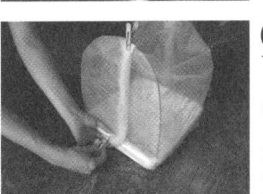

07
下側は、水切りバットの縁に巻き込むようにして留めます。反対側も同じ様にします。

寒冷紗の使い方

植え替えの方法 （スポンジを使わない場合）

Point 植え替え作業の前に、お茶パックをあらかじめ裏返して、用意しておきましょう。

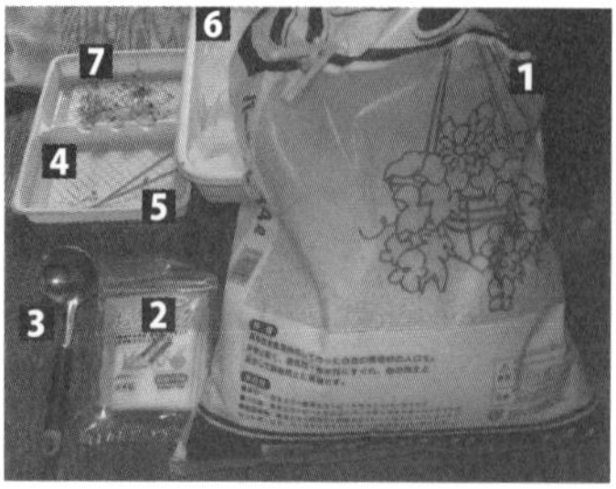

お茶パックの準備については41ページ参照

【必要なもの】
1. パーライト
2. お茶パック
3. スプーン
4. トレイ
5. 竹串
6. 水切りバット
7. 発芽した苗

他に、液肥水

01 竹串で幼苗をつまみ上げます。

Point 幼苗を傷つけないように、そっとですよ。

02 幼苗をそっとお茶パックに移し替えます。

03 根っこが折れないよう、丁寧に底部に置きます。

Point 根が長すぎる場合は、根っこをらせん状に巻いて、パーライトから出る茎の長さを調整します。

お茶パックを裏返した時、底の部分の折り返し方の工夫によって、下の三角がうまく重なり合って、幼苗をそっと支えるようにしておくと、片手で苗を支えなくてすみ、両手が使えて便利です。

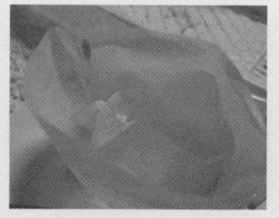

茎の部分を三角がうまく支えるようにするとよい。

植え替え

毎日採れたて！ イーファの水耕栽培

04 スプーンでパーライトをお茶パックに入れます。

Point なみなみいっぱいまで入れないで、お茶パックの上の縁から1〜1.5cmの余裕をもたせましょう。

コリアンダーなどでは、後から増し土する（成長途中でパーライトを増やす）必要があるので、さらに余裕をもたせておきます。

05 植え替え作業の完成。

幼苗がまん中にくると完璧だけど、まん中でなくても差し支えなく成長するので、心配なし。

06 水切りバットに移して、液肥水（ハイポニカ水）を注入。

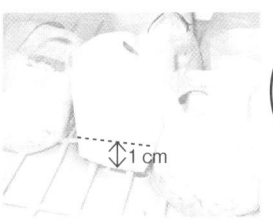

07 水位はお茶パックの底部より上1cmくらいになるように調節してください。

Point パーライトは吸水性、保湿性が悪いため、バーミキュライトよりも水位の保持に気を付けましょう。

08 植え替え作業はこれで完了です。

09 ワイヤを装着。

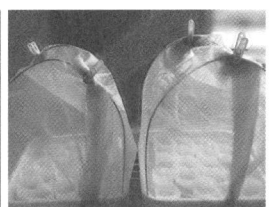

10 寒冷紗でワイヤの上から水切りバットを覆います。

Point 野菜やハーブの種類にもよりますが、バジル、コリアンダーのような葉っぱが横に広がらないものは4×5＝約20株、レタスのように葉っぱが横に広がるものは4×4＝約16株を水切りバットに入れることができます。自然消滅する分も見込んで多めに並べておきましょう。

植え替え

作り置きのハイポニカ水の軍団。

肥料

4ℓの焼酎のペットボトルをハイポニカ水の作り置きに使用（決してこれで私を呑兵衛だと判断してはいけませんよ）。

作り置きした液肥水を入れた
ペットボトルが乱立

　私が肥料として使っているのは、ハイポニカ液体肥料です。A液とB液に分かれていて、それぞれ希釈して混ぜ合わせて使用するものです。希釈した液肥をペットボトルに入れて保管しています。

　個人の都合にもよりますが、私は最初2ℓのペットボトル2本から作り置きをスタートしました。そのうち、空きペットボトルをすべて作り置き用に回す状態に。大体ミネラルウォーターと酒（決して呑兵衛というわけではありませんよ。あしからず）の容器を使用しています。醤油のペットボトルは避けたほうがよいと思われます。匂いがいつまでも残りますから。また、できれば洗剤は使いたくないので、水だけでもきれいに洗える容器を使用しています。

　そのうち、どんどん作り置き用のペットボトルが増えてきて、今は4ℓのものが8個で、2ℓのものが16個ぐらいあります。合計で約64ℓ分。我ながら大したもんです。

肥料について

　私が使っているのは、ハイポニカ液体肥料500㎖セット￥997です。東急ハンズで購入できます。お近くに東急ハンズがない方は送料がかかる場合がありますが、インターネット通販でも取り寄せできます。

　A液とB液がそれぞれ500㎖入りで2本がセットになっています。

　A液とB液の原液どうしで混ぜてはいけないそうです。薄める時は水に原液を入れて希釈してください。説明書がついているので、それを読めばすぐ作り方が分かります。

　もちろん、栽培する野菜の量や季節にもよりますが、最盛期、5階建てのスチール棚2つに栽培トレイをみっちり詰め込んだ時でも結構もちました。

　今は大体8〜10トレイの規模で栽培しています。秋ですと、3ヶ月以上もちます。かなり経済的。

水耕栽培のベストシーズンである秋場はもっと栽培するトレイが多い（大体16個くらいかな）ので、全部のトレイに液肥水の注ぎ足しをすると、1回の注ぎ足しで2ℓのペットボトル3本分ぐらいの液肥が消費されていきます。64ℓの作り置きの液肥が約2ヶ月でなくなります。夏場は蒸発スピードが速く、朝晩それぞれ1回注ぎ足しをしないと、すぐ枯れてしまいますので、64ℓなんて1ヶ月ももたないこともあります。

そんなたくさん作り置きして大丈夫？　と思われるでしょうが、私の経験では、液肥自体は大丈夫です。作り置きの液肥を使っても、特に野菜の成長に悪い影響が出ていないように思えますが、

Point
保管のポイントは
日に当たらないところに置く
ことですかね。

日に当たるところで保管すると、それこそ藻が生えてきかねませんので、ご注意ください。

■液肥水 作り置きの方法

【必要なもの】
・ハイポニカ原液（A液・B液）　・シリマー
・バケツ　　　　　　　　　　　・計量カップ
・ペットボトル　　　　　　　　・じょうご

01
バケツに水を
3ℓ入れる。

マーク

Point　水位にテープを貼って
マークしておくと、次回から
いちいち水を計量しなくても済みます。
水量に多少の誤差があっても、
特に野菜たちの成長に差し支えがある
ようには感じませんでしたから
神経質にならなくても
大丈夫です。

（それとも私は無頓着すぎなのかしら）

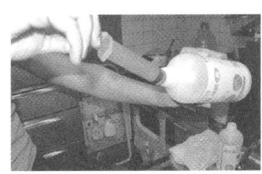

02
A液とB液を、
それぞれ6cc
を抽出。バケツの中に入れます。

2ℓのペットボトルの
上の部分をじょうご代
わりに使用。

03
保存用のペットボトルに入れ、フタをしておきます。

04
完成。

栽培場所

> こんなところで
> よく育てるよな。

ぜんぜん野菜作りに向いてない我が家のベランダ

　西向きの我が家のマンション。しかも隣に高層マンションがそびえ立つので、一日の日照時間は２時間ほどしかありません。
　ベランダの面積は、奥行き１ｍもなく、横に細長い。
　築古なので、洗濯機はベランダ置きという昔ながらの造りです。ベランダには手すり代わりに高さ約１ｍの壁が設置されているので、その部分が日陰になり、ベランダの日当たり状況も決してよい方ではありません。
　しかも、すきま風が強い。正直、野菜の栽培には適してない環境です。
　狭いベランダで洗濯物も干しつつ、しかも時に大きい洗濯物もあったりして。
　日当たりに恵まれてないそんな状況でいかにたくさんの野菜とハーブを栽培するかは、最初の一番の課題でした。

マンションのベランダに「野菜用マンション」を建設

　ベランダの壁によって１ｍの高さまで日光が遮断されているならば、そうだ、上に増設すればいいじゃん、とひらめいた私が編み出した対策方法はスチールパイプ製のラックでした。
　元々自宅にあったスチールラックを基に増設する計画（無謀？）。全体

の重さを支えられ、かつ、地震などの揺れにも耐えうるものでなければならないので、天井まで届くつっぱり棒を8本購入。床から天井までの間を5階建て。

　これだけに留まらず、横棚までくっつけた。
　かかった総代金2万円以上。
　いつもは、できるだけ100円ショップで済ませようと考える私ですが、この時ばかりは野菜＆ハーブたちが住む家を建てるのに思い切って出費。ちょっと痛かったな。
　最初は1株や2株、多くても10株ぐらいでの栽培数で、ちまちま優雅に園芸を楽しみつつ、安心して無農薬の野菜＆ハーブを食べたいという想いからスタートしたのですが、土栽培で挫折。水耕栽培でどんどん深みにはまっていき、とうとう5階建て×2棟＋建て増し（横棚）まで。結局我が狭いベランダが「コ」の字の棚に囲まれる羽目になり、洗濯物を干したらもうそれこそ身動きもできないぐらい。
　最盛期には、ほぼ同時に、水耕栽培だけでいんげん豆、つるなしいんげん、長ねぎ、セロリ、山東菜、ミニ大根、万能葉ねぎ、小松菜、バジ

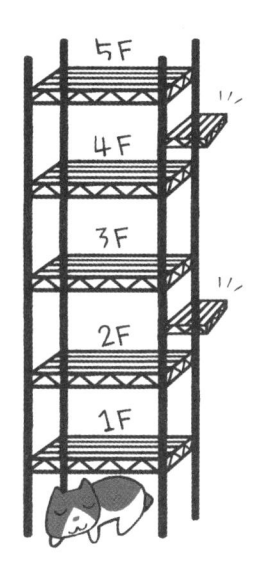

スチールパイプ製のラックで、5階建て＋2棟建て増し「野菜用マンション」を建設。

ル、コリアンダー、サンチュ、結球レタス、ガーデンレタス（リーフレタス）、シソ、枝豆、水菜、オクラ、アスパラガス、スイートコーン、人参栽培という暴挙に出た始末。

　バジル、コリアンダー、セロリは2～3トレイずつ、それ以外は1トレイずつ栽培していました。つまり、Ａ4サイズのジャンボすのこバットが約26個ありました。

　水耕と比較するため、土栽培も同時期に深型650のプランター1個に、65型プランター8個で、ローズマリー2株、バジル2株、タイム2株、コリアンダー2株、フェンネル1株、カレープランツ1株、ミント1株、トウガラシ6株、ベビーリーフ1株、パセリ1株を同時栽培していました。

　ベランダで、身動きとれなくなるのも当然ですね。

　室内の窓際にもプラスチックカップでレタスや、1ℓのペットボトルで豆類の栽培をしていました。

　つまり室内（正確にいうと私の部屋）でも野菜だらけ。

　我ながらものすごいハマりっぷり。

室内も野菜だらけ。

秋には大豊作の日々到来！

　すべての野菜を自宅で自給自足するという（無謀な）野望まで抱くに至るとハマりすぎですよね。

　日当たりが大事だということは、頭のなかで分かっていたのですが、やはり最初は勘違いしていました。

>「明るい」と「日光をちゃんと浴びることができる」とは意味が違います。

　棚の高いところに置いている野菜は、他の日当たりが抜群の一等席に置いているものよりも明らかに成長が遅い。葉っぱもちょっとひ弱でシャキシャキ感がイマイチ。

　つまりおいしそうに見えないのだ。

　室内の窓際栽培の野菜も冷房や扇風機のせいか、成長がイマイチ。とりわけ大量栽培していたレタス、小松菜は元気がありません。猛暑日が続いていた2010年の夏、唯一元気だったのはバジルぐらいでしたね。結局、2010年は自分で栽培した小松菜で小松菜キムチを作る野望はあえなく破綻。そして夏野菜もみんな撤収。

　やがて秋の到来。今度はレタスも小松菜も秋野菜類はみんなうまくいきました。虫害も少なくて、晩秋頃には自分独りでは食べきれないぐらい、おすそ分けをいっぱいしたという野菜大豊作の日を続けることができました。

　じゅうぶんスチール棚の元が取れたとほくそ笑む……いやしくてすみません。

秋には大成功！　すくすく育つレタス、小松菜たち。

> **注意**
> 水がなくなると、水切りバットが風に飛ばされることがあります。くれぐれも安全対策を万全にしましょう！

栽培場所

水位の管理

液肥水の管理さえ気をつければ あとは寝て待つだけ!?

　種が発芽するためには、水、空気、温度という3つの要素がもっとも大事です。種が発芽して、お茶パックに植え替えし、さらにジャンボすのこバットに移し替えし、寒冷紗で防虫ネットを張り、日当たりのよいところに置けば、あとは毎日の水やりというか液肥水の注ぎ足しで収穫を楽しみに待つのみ、と言いたいところではあるのですが、実は、水耕栽培にあたって、水位の管理が結構ポイントになってくるのです。それさえ気をつければあとは棚ぼた的というか、「野菜は寝て待て」でいいんです。

> 水耕栽培は、水位の管理がポイント!

【水耕用資材について】
パーライトとバーミキュライトの併せ技!

　私が栽培用資材に使用したものはスポンジ、バーミキュライトとパーライト。そして、今は

> 栽培用資材については16ページ参照

パーライト 2/3 とバーミキュライト 1/3 の混合体です。

　この3つのなかでは、スポンジが一番保水性が優れているように思えますが、なにせ、いちいちキューブ状に切ったり、切り込みを工作したりしなければならないのが大変なのと、ずっと室外に置いている場合、たまっている液肥水にボウフラのような虫がわき、その虫がスポンジの目に入り込むことがあります。そして、その1個1個のスポンジがボウフラたちにとってパラダイスとなるわけで、ボウフラたちが恐ろしい現実となって目の前に現れると、水をやるのも嫌になります。

　バーミキュライトも2シーズン使用して特に嫌な思いもなかったのですが、お茶パックに植え替えする時に細かい粉塵が飛散するのが少し気になりましたね。

　同じ容量で、パーライトがバーミキュライトより若干安いことと、軽いので、女性独りでも自転車のカゴに載せて持って帰りやすいことでパーライトを使うようになったのですが、バーミキュライトと比べて、パーライトの保水性はよくありません。

　つまり、バーミキュライトは水を含むと落ち着き、乾燥しにくいのに対して、パーライトは砂のように水はけがよいので、夏場なんかちょっとでもうっかりして水をやるのを忘れると、パーライトが完全に乾いてしまって、野菜も干からびてしまうのです。逆に水をやりすぎてしまうと、パーライトが浮いてしまって、こう、なんて表現したらいいでしょうか。ああ、味噌汁に浮いている麩のような状態になるのです。

水位の管理

雨の日だと、室外から撤収するのがちょっと遅れて、トレイに雨水がたまったら、栽培用資材に使っているパーライトが、あふれた雨水と一緒にトレイから流失してしまいます。

パーライトには粒と粒の間に空気層がたくさんあって、スポンジに比べて、根腐れが起きにくいというメリットがありますが、すき間がありすぎて保水性がよくないのがデメリットですね。

パーライト 2/3 とバーミキュライト 1/3 をミックスして使用するのが、私的には今のところ一番使い勝手がよいですね。

> **イーファの水耕栽培用資材**
> **Point** ベストな割合
> パーライト 2/3 と
> バーミキュライト 1/3 を
> ミックス。

> メダカがかえるねー

【水位の管理】
水は多ければいいってものでもない

パーライト 2/3 とバーミキュライト 1/3 のミックス栽培用資材の場合の水位の基準をご紹介します。水位の基準はジャンボすのこバットです。ちなみに、ジャンボすのこバットのネットすのこの底面の高さは約 1 cm ぐらいです。

第 1 段階：植え替えしたての頃

植え替えたばかりは、幼苗の根っこがまだお茶パックの底から出てないので、液肥水をネットすのこよりも 0.5 〜 1 cm 上まで入れておきます。夏場は蒸発が早いので、気持ち液肥を多めに注いでおきます。そうですね。2 〜 3 mm ぐらい多めでじゅうぶんじゃないでしょうか。

最初は加減がよく分からなかったので、植え替えしてからもジャンボすのこバットになみな

植え替えしたて

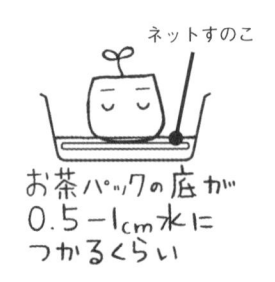

> ネットすのこ
> お茶パックの底が
> 0.5〜1cm 水に
> つかるくらい

植え替えしたては、お茶パックは 5mm 程度液肥水に浸かるようにする。

み液肥水を注いでいました（←メダカを飼育するわけじゃないって！）。そのため、根っこが呼吸できなくて、根腐れも起きて大失敗。多ければいいってもんじゃなかったですね。

第2段階：細い根がお茶パックの底面から出てきたら

野菜の種類にもよりますが、植え替えしてから約1週間後、早いものは2〜3日で、細い根っこがどんどん伸び、お茶パックの底面を貫いてひょろっと出てきます。こうなれば、水位はネットすのこのところまででOK。あとは根っこのほうが水を求めてどんどん下の方に伸びてくれます。

第3段階：根っこがさらに伸びてきたら

小松菜やレタスは根っこが細いのですが、1週間2週間とどんどん成長して、ジャンボすのこバットのネットすのこより下の方に伸びていきます。

根っこが増えてきたら、水位は第2段階よりもやや低めにしておきましょう。その方が根っこも呼吸しやすくて根腐れせずに健康に成長するからです。

根が密集する野菜の場合、過密栽培には向いていません。例えば、以前シソをこのジャンボすのこバットで試しに栽培してみました。その時はお茶パック6株を置きましたが、シソの生命力のすさまじいこと。あっという間に、クモの巣のようにネットすのこの下を縦横無尽に根っこが張りめぐり、とうとうネットすのこを持ち上げてしまって、びっくりです。

お茶パックから根が出てきた。このときの水位は、ネットすのこのところまで。

根が底から出たら

お茶パックの底すれすれに

根がさらに伸びたら

少なめにしてこまめにたす

さらに根が伸びてきたら、ネットすのこよりも低めにし、根っこの呼吸を楽にしてやりましょう。

水位の管理

シソ栽培の失敗経験から、根っこには液肥水だけではなく、じゅうぶんな呼吸空間を与えることの大事さが分かりました。

> **Point**
> 夏場は蒸発する分も考慮に入れて液肥水を多めに、秋場はノーマルの水位維持。

だけど、次の点に注意が必要……

【夏場における水位管理の注意点】
とくに夏場は、こまめな水分補給が成功の鍵

蒸発スピードにもよりますが、多めに液肥水を注いでしまうと、液肥水が劣化するおそれがあります。もちろんポンプをつけて水を循環させ、または日光直射を受けないよう遮光のできる黒い容器を使用すればその心配もないのですが、水が1ヶ所にたまった状態で、しかも栄養たっぷりの液肥水となると、藻がすぐ発生してしまいます。

藻だけなら目をつぶって見過ごすことができますが、藻が大量発生してくると、そこに虫がやってきて、産卵します。そしてふ化してボウフラのような幼虫がうようよ。

ですから、水位を管理する時には、蒸発を見込んで、いっぺんに多くの液肥水を注ぎ足すのではなく、こまめに足りなくなった分だけを注ぎ足すようにしてくださいね。

液肥水が多いと、藻が発生して、ボウフラがわいてしまう。

液肥水が足りなくなったらこまめに足し入れる。

> こまめに足りなくなった分を注ぎ足すのがベスト！

日頃の管理

小確幸　楽して毎日産地直送！

　土栽培で野菜作りを始めた頃は、虫バトル、鳥害、除草、病気との戦い、連作障害、土づくりなど、素人ゆえの暗中模索の連続でフラストレーションがたまりっぱなしでした。

　ところで、水耕栽培を始めてから、そんな土栽培の悩みからは一気に解放されました。前章で申し上げた発芽、植え替え、液肥作りのステップをきちんと踏んで、防虫ネットをセットしちゃえば、正直やることは日頃の水やりだけで、あとは収穫を待つだけなんです。

　こんなに楽して毎日産地直送の野菜や好きなハーブをいただけるなんて、私幸せすぎ！

　こんな小確幸（小さな確実な幸せ）を味わいながら、実は気をつけていることがあります。土栽培にはない、水耕栽培ならではの注意事項です。

　トレイを水平に置くことです。

植え替え直後、半分の苗が枯れた！

　実は我がマンション、築古ゆえ（それとも震災の影響なのかしら？）、全体にやや傾いているのです。そのため、トレイも傾き気味……。それがどういうことを意味するかというと、液肥水の水位が水平ではないのです。つまり、植え替え直後の時期のお茶パックだと、半分が液肥水に浸かっているのに対して、半分が浸かってないという状態が起きかねないのです。ぱっと見で、半分が液肥水に浸かっていたので液肥水の注ぎ足しをしなかったら、残りの半分が液肥水切れで枯れてしまったという惨事を何度か起こしてしまったことがありました。

　ですから、

> とくに植え替え直後の時期、一番気にしていることは、いかにトレイを水平に保つかということなのです。

根っこがお茶パックから出てきてしまえば、根っこのほうが液肥水を求めて、どんどん液肥水のあるほうに伸びていくので、液肥水さえ切らさなければ、日当たりのよいところに置くだけで、安定した成長を期待できます。

Point トレイを水平に保つ

「お水ないよー」

雨、雪、強風時は、大急ぎで室内へ避難！

液肥水の注ぎ足し以外、日頃ほとんど手がかからない水耕栽培ですが、雨、雪、そして強風、特に台風の日には、すばやく室内に避難させることにしています。

　一番困るのは寝ている間に雨が降り始め、目が覚めた頃には、もうトレイの中から雨水があふれ出してしまっていることです。前述した通り、パーライトは基本軽い小砂利のような物質なので、水に浮いて、そのうちトレイの中が水面に細かい麩がみっしり浮いているような状態になります。やがて、それがトレイから流れ出てしまう事態に……。撤収が遅れると大惨事になりかねません。

　それから、植物って結構強風に弱いんですね。頭でそうだろうなと思っていても、実際、やられるまでは痛感するほどでもなかったんです。春一番や黄砂が飛来する時、いち早く洗濯物を取り込むと同時に野菜トレイも！　を実践しています。できるだけですが。

雪に埋もれた野菜。

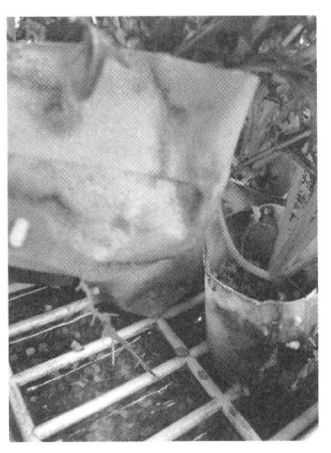

雨水と一緒にあふれ出てきたパーライト。それでもたくましく生きるからし菜。

小さな虫が一番の悩みの種

　この虫が今のところ、一番の悩み種です（いや、目の敵です）。

　正体を突き止めてないため、的確な退治対策を打ち出せていません。

　気温が低くなると自然と消えてくれます。虫とのバトルから解放され、秋場の栽培の気持ちいいこと。

　そうなんです。今のところこれといった効果的な退治法がまだ見つかってないので、自然にどこかへ消えていくのを消極的に待つしかありません。

　防虫ネットが有効ですが、1匹でも、すき間から入り込まれてしまうとすぐ子孫繁栄状態になって恐ろしいことが起きます。

この虫が、一番の悩み。

虫とのバトル

防虫ネット(寒冷紗)で解消

野菜栽培で一番頭を悩まされている虫の問題。なんとか、薬を使わずに虫退治できないものかとあれこれ考えて、最初見つけたのは、洗濯ネット＋ランドリーバックによる「防虫セット」。そうか。最初から虫がつかないようにすればいいんだ。これは名案だと、早速100円ショップに出向いて一番大きいサイズのドラム型洗濯ネットとランドリーバックを探しましたが、近所の100円ショップにあるのは小さめのものばかりで、なかなか手頃な大きさのものがありませんでした。たまたまなかったのかもしれませんが。ようやく、大きめのダイソーで見つけました。

1つの「防虫セット」にトレイが2つ入ります。最初は試しに8セットを購入。セッティングしてみると、全部で16トレイがすぽっと入りました。

この洗濯ネット＋ランドリーバックによる「防虫セット」は確かに虫を寄せ付けない効果がありますが、日当たりに関しては悪影響。ただでさえ、1日2時間しか日が当たらない我が家では、スチール棚の5階建ての最上階に置いていたら、ますます日当たりが悪くなり、どれも成長が遅く、葉っぱがふにゃふにゃで、シャキッとしない状況なのです。

また、毎日脚立を使っての水やりも大変なので、なんか代替案がないかと、寝ても覚めても考えていました。とその時、ふっと近所の畑でキャベツをなんか白い布状のようなもので覆っていたことに気づきました。農家の方に話を聞くと、それは寒冷紗とのことで、寒さや日よけとして使っているそうです。また目の細いものを使うことによって、カメムシやイモムシを入らせない効果もあるというのです。

これでひらめいた！

そのやり方を我がベランダ水耕栽培に移行すればいいじゃないか。我ながらグッドアイデアだと思った(もうすでに実践している方がいらっしゃるかもしれませんが)。

それがうまくいくかどうか分からないので、実験的に、まずは100円ショップのレンジフードフィルターで試してみることに。目が細かいし、薄いし(なんとなく厚めのものは遮光性が悪い気がしたからです)、なにより1枚100円なので、たとえ失敗してもそんなに痛くないと考えたからです。

しかし、レンジフードフィルターも10枚使えば、出費がかさみます。しかも、液肥水の注ぎ足しや収穫で何度も開け閉めを繰り返していたら、よれよれになってしまうのです。もう少し経済的なやり方はないかと(いつものくせで)考えて、最終的に寒冷紗の購入を決意しました。

寒冷紗は、1枚の幅があるし、とても長いのです。

そこでまた、はさみくんの登場。チョキチョキ。

試行錯誤を経て、私にはレンジフードフィルターのサイズが、ジャンボすのこバットを覆うのには使い勝手がよかったので、レンジフードフィルターサイズに合わせて寒冷紗を裁断。

また、ワンシーズンを使った寒冷紗に関しては洗濯して、トレイと支柱と同様に再利用しています。

もともと外で使うものなので、寒冷紗は丈夫だし、おかげで虫とのバトルはほぼ解消されました(うっかり、寒冷紗にすき間をつくらなければ……)。

収穫の方法

毎日収穫できる！

　収穫、というと野菜や果物が食べごろになった状態で採り入れることをイメージしやすいのですよね。スーパーなどの店頭に並んでいるものもそうですし、私たちの食卓に上がる野菜は、一番の食べごろとされているものがほとんどですからね。
　ところで、我が家のベランダで水耕栽培を始めてから、そんな収穫に対するイメージが少し変わりました。
　「毎日収穫できる!!」という表現を使うと、「そんな大げさな！」と反論されるかもしれませんが、まあ、私の話を聞いてください。

【幼苗時】
せっかく発芽した子を抜くなんて…

　まず、植え替え後、野菜たちが順調に成長してくると、野菜の葉が重ならない程度に間引きを行います。

株が混み合いすぎると風通しが悪くなり、病気が発生しやすくなるからです。

形がよくて、元気そうな株を残して、そうでないものを適宜間引きします。

実は、私は間引き作業がとても苦手だったのです（今も決して得意とはいえませんが）。

毎日水やりをしながら、様子を見ているうちに、情が移り、せっかく育ってくれた幼苗は、たとえ少々成長が遅いものでもかわいらしく思えてくるから、それを引っこ抜くなんてとても私にできないと思ったんです。

ですから、すさまじい時は1つのお茶パックにシソが2株ずつ、そしてトレイにシソがみっちりの40株栽培などという過密栽培になったこともあったりして。

間引きした苗も
おいしくいただけばいいんだ

当然そんな状態ではうまく育つはずもありませんでした。

保険のため、多めに植え替えした上、間引きしなかったため、どれも途中で成長が止まってしまいました。

例によって母とスカイプ通話。

私：間引きなんてかわいそうじゃない。

母：でも、間引きしないと、みんな大きくならないよ。根っこがぎゅうぎゅうづめで窮屈な思いをしながら成長しなければならない。そっちのほうがもっとかわいそうじゃない。

私：でも一生懸命生きようとする幼苗を、お前成長状態が悪いからと、えいやっと引っこ抜いて、ここでお前の一生終わりだよなんて、できないよ。

母：間引きしたものもありがたく食べてあげればいいじゃない。食べ物を大事にすることに変わりはないのよ。幼苗もおいしく料理されれば本望のはずよ。

というお諭し。

そうか、間引きした幼苗をおいしくいただいてしまえばいいのだと悟りました（←なんの悟りか？）。

それからは成長の時期によって、時にはスプラウト状態、時にはやわらかい芽、時には若葉など、いろんな姿形の野菜をおいしくいただいています。

【成長期の収穫】
収穫には、カニ専用ばさみを愛用

頃合いを見計らって食べ頃の野菜を収穫します。外まわりから野菜の葉っぱを採っていき、まん中の芽を残しておきます。

すると、わき芽から葉っぱが出てくるので、またそれを採取します。花が咲かないように、茎の先端を摘み取ったり、葉っぱが増えてからまた収穫の繰り返し。二度ならず、三度、うまくいくと四度、五度とおいしいのだ。

また、収穫の際、私がいつも気をつけていることがあります。

葉っぱを切り取る際には、指でちぎらないで

収穫に愛用。

Point
収穫は
手でちぎらない。

毎日採れたて！イーファの水耕栽培

はさみを使うことです。

　親指と人差し指でちぎると、切り口がギザギザになって葉っぱを傷めるおそれがありますし、力加減によっては株を傷つけることにもなりかねません。

　私が愛用しているはさみは刃先が少し曲がっているものです。葉っぱを切り取る時、まっすぐなものよりも全然使い勝手がよくて大変気に入っています。これも 100 円ショップで入手できます。

　本来なら、カニ専用ばさみですが、我が家では葉っぱ切り取り専用ばさみです。

ある日の収穫。サラダにじゅうぶんな量。

おまけの話 1　イーファ、とうとう 100 均以外の買い物に手を出した！　スチール棚

　野菜の 100 パーセント自給自足を目指し燃えている私は、1 坪未満しかない我が家の、狭いだけでなく日当たりも悪く、栽培に向かないベランダに、どんどん増えて、とうとう 30 種類ぐらいになった野菜たちの棲み家のために、初めて 100 円ショップ以外の買い物をしました。ルミナスのスチール棚です。
　天井まで突っ張るスチール棚を 5 層建てにして、虫から食われることなくすくすく成長できるように防虫ネットに 2 トレイずつ入れて、脚立を使って、天まで昇る気分で両手で持ち上げて設置。
　余談ですが、両手を広げて洗濯ネットに入っている野菜トレイを持ちながら脚立を一番上の段まで上るのって、結構スリリングだったよ。
　しかし、その後の毎日の水やりのほうがもっと苦行になるとは、この時は全然分からなかったのだ。
　普通のマンションの天井は約 3m です。そして、うちにある脚立は 1m です。毎日液肥水いっぱいのジョウロを持ちながら脚立で上って、バンザイポーズで液肥水を足していくことが結構苦痛というか、手が疲れます。し

かも、目で液肥水の位置を確認できないので、あらかじめ入れる量の液肥水を量って注ぐ。そのようなことを頑張って 1 ヶ月続けましたが、結局最上階の野菜は日当たり不足で元気がないことがわかって、別のところに移動。
　1 ヶ月、毎日水を持ち上げてバンザイポーズをしたおかげなのか、二の腕の振袖状態がかなり改善された気がするのは、やはり気のせいかしら？
　スチール棚の素晴らしいところは、空間に合わせて棚を作れることにあります。
　我が家の 1 坪弱のベランダには、最終的には洗濯ものを干すところもないぐらい、棚いっぱいになり、空間の最大利用ができたというのが自慢。
　ちなみに、窓際栽培をしてみようと、部屋の中にも低い棚を設置して室内栽培を試みましたが、2009 年の猛烈な夏日のせいか、エアコンのせいか、それともねこが葉っぱを食べちゃうせいか、原因がいまいち判明しませんが、室内栽培した分はどれもうまくいきませんでした。
　ところで、スチール棚の出費は 2 万円ぐらいかかったのが痛かったな。

おまけの話 1

スプラウトって素敵かも

サラダバーでスプラウトと出会う

　水耕栽培も3サークルめに入り、順調に発芽、植え替え、日頃の水やりと管理、収穫の楽しみを繰り返しながら、経験値を高めて、安定した野菜＆ハーブ生活を満喫していた私ですが、ある日のランチのサラダバーでスプラウトが目にとまりました。
　「そういえば、スプラウトって酵素を多く含み、体によさそうだな。ローストビーフと一緒にパンにはさめば、栄養たっぷりでおいしいサンドイッチが簡単にできるし、またサラダにも少し入れるだけで、体が栄養分をたっぷりもらって滋養強壮。スプラウトって素敵かも」と思い立ち、早速調べてみたら、スプラウトって穀類、豆類、野菜の種子が発芽した新芽のことの総称だそう。もやしや大豆もやしなんてまさにその代表。そのほかにも、ブロッコリーやマスタード、ガーデンクレス、かいわれ大根、そしてアルファルファなどもそうだ。

スプラウトって素敵かも♥

【栽培キット使用編】
100円ショップでスプラウトを探す

　もやしと同じ感覚で栽培すればいいんだと思った私は、さっそく行きつけの100円ショップに出向いて、スプラウトの種を探してみました。

　ところが、100円ショップでも東急ハンズの園芸コーナーでも、たまたまなのかどうか分かりませんが、発見できません。ネット上では多種類パック通販でも買えますが、送料を入れると高くつきますので、イマイチふんぎりがつきませんでした。近所で入手できるところがないかと探す日々。

　そして、別の買い物のために訪れた、地域で最大級のホームセンターで、例によってまっ先に園芸コーナーに品定めに行ったところ、ありました、ありました。スプラウトの栽培セットです。

　さっそく4種類（ブロッコリー、マスタード、レッドキャベツなど）を購入。ついでに、念願のねこ草の種も発見し、こちらも一緒にゲットすることに。

　この栽培キットには、種のほかに白い砂利みたいなもの（水栽石）も付いていました。これを栽培用資材代わりに使用しろってことかしら？　私は種だけ欲しいのですが、まあ、せっかく付いてきたので、実験の意味でも使うことにしましょう。

下水道の匂いが部屋中に充満！

　説明書によると、「スプラウトとは植物の新芽のことで、成熟した野菜より各種ビタミン、ミネラルなどの栄養分を多く含み、体によい成分がいっぱい。収穫してそのまま生で食べるのにぴったり」、そして、続けて「家庭のグラス、カップを使って約10日間で作れます」と書いているではないか。これは期待できる！　違う栽培法を試してみるのも面白いしね。

　さっそく、栽培キットの砂利をトレイに移して、水を注入。あらら、水が濁ってきたぞ。しかも、小さな泡がたくさん。今までになかった現象なので、これでいいのかどうか戸惑いながらも説明書を確認すると、「上手に育てるコツ：(1)室温は20℃、(2)水は発芽して3日めくらいから毎日

交換、(3) 日光に当てないようにする」と書いてあります。水が濁って泡が出てることが普通なのかどうか書いてないため、いつもの探究心を発揮し、4種類のうち、2種類はそのまま、2種類は砂利を水がきれいになるまで洗ってみました。その後、種を入れておき、段ボール箱に入れておくと……。

その間水を切らさないように気をつけていたのですが、なんか3日経った頃から、いずれものトレイからちょっと異臭が……。どちらかというと、水が濁って泡がたくさん出てたほうが匂いがきついような。これってノーマルかしら？

たまらずさっそく水を取り替えてみました。でも翌日からも腐ったような匂いが……。このまま捨ててしまいたい気持ちを抑えて、毎日のように水を取り替えながら、1週間待ってみることに。そして、1週間後、芽が出るどころか、種まで腐り、下水道のような匂いが部屋中に充満。これは失敗だといきぎよくあきらめてゴミ箱行きに。

水の量を少なめにして、リベンジ

幸い、この時、種を半分残しておいたので、リベンジです。

2回めからはいつものように、種を一晩水につけておき、その後、ティッシュの敷いてある食品トレイに移し替えました。前回の失敗もふまえて、水分補給に関しては、霧吹きで、1日4〜5回やりました。毎回水の量は乾かない程度で少なめにします。また水が腐らないように、容器に残っている水を毎日取り替えていました。

すると、今度はうまくいきました！

しかし、小学校でやった発芽観察日記以来の大変さですね。

スプラウトは、栽培も収穫のタイミングも意外に大変

　もやし系（＝スプラウト）って、適当に水に浸けておけば勝手に発芽して成長してくれるもんだと思ってたのに、たぶん私がやった種のなかで一番大変……(-_-;)。

　しかもね、自分で発芽させたスプラウトは、なにが悪いかよく分かりませんが、成長のスピードがそれぞれ違うんです。スーパーで売られているものは、みんな高さが同じできれいにそろっているのに、私の場合は高さがマチマチ。きっと専門的に栽培をしているところでは、厳重に温度や湿度を管理しているんでしょうね。当たり前だけど。

　実際は、日光の管理が重要なポイントらしいです。日に当たり過ぎると繊維化して、かたくなり、食べた時少しもそもそします。また、収穫のタイミングを見極めるのも少し経験が必要かも。もうそろそろいいかな、いや、あともう少しと二の足を踏んでいるうちに、茎が繊維化してしまい、臍を嚙む思いをしたこともしばしば。

【スーパーで買ってきたスプラウト栽培編】
スーパーでスプラウトを発見！　即買い！

　そんなスプラウト栽培に燃える私は、寝ても覚めてもスプラウトの成長ぶりが気になる日々。

　ある日いつものようにスーパーに行きました。

　ふっとパック売りのスプラウトが目に入りました。それまでもう何年も通い慣れているスーパーなのに、ずっと素通りしていました。見れども見えずってまさにこのことですね。

　あるじゃないですか、ガーデンクレス、マスタード、レッドキャベツのスプラウトが！　根が付いているし、しかも、半額の50円！（←たまたまですが）

　これ、栽培キットを買うよりも手頃です。「即買いですな！」と満悦至極で上記の3種に加え、ついでにかいわれ大根と豆苗2パックをゲット。

半分ずつ切り取って
二度、三度と楽しめる

　いきなり食べたかって？　違います。これらのスプラウトを1回切り取ってから水耕栽培で二度収穫できないかと実験してみたのです。

　正確に言うと、半分を切り取って食べちゃって、半分を残して液肥水に浸ける。そして、少し日数をずらして、半分を切り取ってまた食べる。その頃には、最初切り取った部分からわき芽が出てくるので、うまくいけば、二度ならぬ、三度おいしいが狙えるのではないかと考えたんですね。もちろん、自分の使いやすいような分量で切り取ってもOKですよ。

　スプラウトの茎はやわらかいものが多いので、パックをそのまま鉢代わりに使用。

　ラベルのところを残して、パックを切り取れば、どれがどれなのか一目瞭然で便利。

　必要な分を切り取って、サラダにちょっと加えて食べてもいいし、お味噌汁にちょっと入れてもよろしい。

　茎がやわらかいので、切り取る時ははさみの使用がおすすめです。

　もちろん大成功！

　スプラウトはおおよそ2回転くらい栽培できちゃいました。ありがたくいただいて、最後はプランターの土の中へ埋めておきました。

　余談ですが、土に埋めたまま忘れていた頃、いつのまにかにょろって1本の芽が出てきて、そしてそのまま大きくなりました。月日が経つにつれてどんどん大きくなって、とうとうつぼみができ、花が咲きました。

スーパーで買ったスプラウトを、パックごと水耕栽培に。

土に埋めておいたマスタードのスプラウトが育って、花が咲いた。

毎日採れたて！イーファの水耕栽培

最初はガーデンクレスか、レッドキャベツか、マスタードなのか、まったく見当がつかなかったのですが、咲いた花を図鑑で調べてみたら、マスタードだと判明。

それにしてもすごいバイタリティですね。

なので、スプラウトのもうひとつの楽しみ方は、何株か残して最後まで栽培することです。

成長しきった姿は、なかなかお目にかかることがないので、楽しさもひとしおですよ。

私の場合はけがの功名ですが。

> いくつかの株を最後まで栽培すると、成長後の姿が見られます！

【豆苗編】
高さはバラバラだけど再び食べ頃に…

豆苗もスプラウトの１種ですね。

こちらはグリーンえんどう豆の幼苗で、中国料理の定番炒め料理に使用します。ひと昔前までは、ちょっと珍しくて値段も少し高かった（今と比べて）のですが、最近どこのスーパーでもよく見かけるようになりました。炒め物によし、おひたしによし、栄養分が豊富ですし、シャキシャキとした食感がたまらなくて、毎日食べても飽きないぐらい大好きなんです。

毎日食べたいなと思う私は、これは１回食べて捨てるのはもったいない、水耕栽培してみたら面白いかもと思い立って、実験に及んだわけです。

１日１パックを買ってきて、まず切り取って食べる。切り残した株（根っこ付き豆の塊？）をそのままジャンボすのこバットに置き、液肥

スーパーで豆苗を購入し、まずは切り取っていただきます。

スプラウトって素敵かも

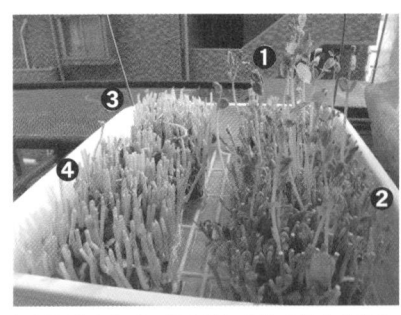

毎日豆苗を食べ、切り残した株の根を水耕栽培に利用。❶〜❹は日付順。　　立派に育ちました。

を注ぐ。4日間で4パック。ちょうど1つのトレイにぴったり収まるのです。

4個めの豆苗がやってきた時、1個めの豆苗からわき芽が出てきました。液肥水に浸けた豆苗の根っこから、まさに「ジャックと豆の木」状態で、ぐいぐいと成長していきます。

Point 収穫のタイミングを逃さない！

1週間ぐらいで、高さはバラバラですが、スーパーで売られているのと同じようなサイズに成長し、また食べ頃になるのです。

ここも収穫のタイミングが大事です。

ちょっと遅れると、豆苗が繊維化し、おいしくなくなります。

私は1パックの豆苗を、この方法で約4回収穫しています。

1パック99円（もう少し探せば50円のところも）で4回も食べられるなんて大変経済的で、家計が大助かりの野菜です。もやしに次いで家計が助かる優等生野菜です。

充分に収穫を楽しんだら

そして、3回めや4回めぐらいで、そろそろ豆もくたびれてきた頃、刈り取るのをやめて、そのまま水耕栽培で大きくなるまで育てました。

これも、このまま栽培を続けたら果たして、豆苗がどうなるかという実験的な意味合いが強いです。

夏場ですと、カビがついて、腐ったり黒くなってだめになる豆も出てき

ますので、それらは随時取り除きます。

そして、特に支柱をつけることなく、そのまま水耕栽培を続けますと、豆苗が開花しました。

秋に栽培しはじめ、2011年の厳しい冬をもたくましく耐えて、2012年3月まで生き延びただけでなくて、花まで咲いたなんて。その強い生命力に感動しました。

可憐なピンクのお花。

豆苗もそこまで私に骨の髄までしゃぶり尽くされて本望かしら（←あなたは悪魔です）。

1パック、99円。

じゅうぶん元が取れています。

豆類を種から発芽させて栽培するのもいいけど、こういうすでに発芽しているものを買ってきて再利用するのも、一手間を省くことができて、違う楽しみ方もできるかと思います。

スーパーで根っこ付きの野菜を見かけたら、即買いですよ。

豆苗の花。

豆苗栽培エピソードの続きは120ページへ

スプラウトの入手方法

送料がかかりますが、
(1) インターネットの種苗会社通販サイト
(2) アマゾン
(3) ヤフーオークション
(4) ホームセンターの園芸コーナー
(5) 園芸用品店
(6) 東急ハンズ

スプラウトの幼苗の入手方法

スーパーのスプラウトコーナー

スプラウトって素敵かも

おまけの話2　すべてはねこ草から始まった

　知らなかったんです。ねこちゃん専用の野菜――ねこ草が存在しているなんて。というか、ねこって肉食動物のイメージが強かったのですが、自分で実際ねこを飼うようになってから分かりました。ねこちゃんって、ねこ草が大好きなのです。少なくともうちの2匹が。

まおくん

ニョーニョー

　私がホームセンターやドン・キホーテに行くと必ず見てまわるコーナーは、今でこそ園芸コーナーになりましたが、前はねこグッズコーナーでした。
　ねこちゃんが退屈しないよう、いっぱいおもちゃを買って、一緒に遊んでいましたし、首輪も気に入ったものを買っては付け替えていました。あと、爪研ぎもいろんな種類のものを試したり、ねこちゃんのストレスがたまらないように、時にはまたたびもあげたりして、今でも完全にねこ様に尽くしています。

　ところで、ドン・キホーテのねこグッズコーナーに行くと、いつも草の鉢植えが置いてあるんですよね。なんだろうと思いつつ、いつも素通りしてました（←悪いクセ！）。そして、ある日、ふっと思い立ち（←ふっと思い立って物事をやるタイプのようだね）、なんだろうとよく見てみたら、新大陸を発見したわけ！それがねこ草との出会いでした（←いつものパターン）。
　へえ～、本当にねこちゃん食べてくれるかな。うちの子、超がつくほど正真正銘の肉食動物だけど。まあ、ものは試しだし、298円だから、買ってみようじゃないか。
　と、ねこ草を自宅に持ち帰り、みずみずしいねこ草をねこちゃん（実は捨てねこ兄妹、茶ドラのオスと、白黒ハチワレのメス、2匹いるんです）の前に出したところ、途端にオスのまおくんがにゃお～と歓喜の声を上げながらものすごい勢いでパックパクと食べ始めたのです。メスの白黒ニョーニョーちゃんも小さい前歯でちぎりながら、女の子らしいおしとやかな食べ方で食べました。2匹ともねこ草が大好きなようです。
　ねこ草は、毛づくろいしながら飲み込んだ毛玉を吐き出す助けをしてくれるようです。きっと胃につっかえている毛玉と一緒に吐き出せてすっきりするから、本能的に大好きなんですね。

毎日採れたて！ハーファの水耕栽培

　それからは、ねこ草を１週間１鉢のペースで買っていましたので、やがて、ねこ草用の白いプラスチック鉢が山のようにたまってしまいました。
　これは困ったな。なんか捨てるに捨てられないし、再利用する方法はないかと探していたら、「無印良品でねこ草の栽培キットを売っていますよ」との情報を入手。しかも、土の代わりに再生粉砕のパルプを使っているので、処分の手間がかからないし、２個セットで 200 円という手頃な値段も大変気に入りました（←値段が決め手だったりして）。
　栽培キットは、必要なものが全部ついているから、あとはセットして水をやって成長するのを待つだけで、楽っていえば楽だと思ったのですが、思わぬところに落とし穴があったのでした。
　それはうちのまおくんとニョーニョーはねこ草をちぎるように食べるので、その勢いで栽培キットがひっくり返ってしまって、家のなかが粉砕パルプだらけになってしまうんです。もう後片付けするのが大変。
　鉢はある程度の重み、つまりまおくんとニョーニョーが食いちぎる力に耐えられるほどの重さがなければ無理のようです。
　栽培キットの鉢は紙のように軽くて、そのまま捨てられるので大変助かりますが、しょっちゅう倒れてしまって、ねこちゃんもうまく食べられないのです。
　なんかもっといい方法はないかなぁ。
　行きつけの 100 円ショップの種コーナーでは、野菜、お花、ハーブの種、いろいろ置いているのに、ねこ草の種だけはない。ニーズがないからかな。私なんか、年がら年中欲しいんですけどね。残念。
　しょうがないから、結局白いプラスチックのねこ草鉢を買い続けていました。安いところでも 298 円、高いところは 380 円もして、月に４回も買うといささか出費がかさみますし、なにより、白いプラスチックの鉢がたまる、たまる。
　そんな生活がしばらく続きましたが、ついに市販のねこ草鉢からさよならする日が訪れました。
　別の買い物をするため、ホームセンターに行った時、見つけてしまったのです。商品名は「みっちゃんのペット用生野菜の種」、350g で 378 円也。
　パッケージの後ろの説明によると、ねこ草の正体はえん麦の一種だそうです。
　１回使う分量は約 10g です。

おまけの話 2

経験上、一晩水に浸けておいてから土にまくと、発芽率が抜群に上がります。
使用する培養土ですが、最初は100円ショップのものでもいいでしょう。私は園芸コーナーでハーブと野菜の土（14ℓ、680円）を購入して使っています。

ねこ草の栽培手順
【種まき】
(1) 10gのねこ草の種を一晩水に浸けておきます。
(2) 鉢の6～7分めぐらいまで土を入れます。
(3) 種を適当な間隔でまきます。
(4) 種をまいたら、上に1cmぐらいの覆土をします。
(5) 水を、鉢の下から流れ出るまで、たっぷりやります。
(6) あとは、発芽するまで、室内の暖かいところに置いておきます。もしくはダンボールに入れておきます。時々、霧吹き器で水分を補給しましょう。

【発芽】
夏場、気温25℃ぐらいの状態ですと、2～3日で芽が出てきます。冬場は大体1週間ぐらいです。夏場は冬場よりも成長スピードが速くて、ぐいぐいと成長します。通常は15℃以上の環境での育成が望ましいようです。

【管理】
あとは水分の補給です。水はけが悪いと根腐れが起きますので、水のやりすぎは要注意です。

種をまいてから約1週間ぐらいで、食べられるぐらいの長さまで成長します。
私の経験ですと、20cmぐらいに育つとだんだん葉先から枯れていきます。時間にして約1週間～10日間です。
自分で種を購入して栽培するようになった最初の頃は、たまっていた白いプラスチックの鉢を再利用していました。紙パックのより倒れにくいとはいえ、底部の直径が小さいので、やはりしょっちゅう倒されちゃいます。
そこで考えた対策としては、液肥の作り置きに使用している4ℓのペットボトルの取っ手より下の半分を切り取って使用することにしました。円筒状で栽培土もたくさん入りますし、上から下まで同じ口径なので安定感があり、ねこちゃんたちの攻撃にも耐えうる丈夫さで倒れません。

毎日採れたて！ノーファの水耕栽培

　2つを時間差で種をまいておけば、ブランク期間なく、いつでも、ねこ草を食べさせてあげられるので、まおくんとニョーニョーも大喜びです。
　これも私の感覚ですが、ねこ草を与えている時のほうが、毛玉を吐き出すのもスムーズで胃腸の調子がよいようです。それこそ、快食快眠快便の健康体でいられます。
　1回に使う量は約10gなので、種1袋が、結構長もちします。
　どの種もそうだと思いますが、湿気が禁物。いったん開封したら、すぐに湿気対策を講じておくと、長く保存できます。
　他の種と同じように、封を切って種を出したらすぐさまセロハンテープで厳重に封をしておきます。さらにチャック付き保存袋に入れ、栽培土と一緒に陰暗なところに置いておきます。
　今は398円の種代と698円の栽培土、1年間1000円ぐらいで済んでいますので、以前とは比べものにならないぐらい出費を上手に節約することができて大満足です。
　また自分で種をまくわけなので、量や時期など、いろいろカスタマイズがきくのもうれしいですね。

がっつき！

おまけの話2

Basil

バジル

バジル
バジリコともいうよ

【種まき】
水耕栽培初心者でも失敗しらず

　バジルは種からとても育てやすいハーブです。ですから、水耕栽培を始めるには最適なハーブとも言えるでしょう。

　土栽培で散々失敗した私に、水耕栽培で再び自信を取り戻させて、野菜作りの楽しみを味あわせてくれたのはバジルです。水耕栽培の初心者にとってもコツさえつかんでおけば、失敗知らずのハーブと言えるでしょう。

　バジルはシソ科の一年草で、パッケージによりますと、種まきの時期には3〜6月頃とか、7〜9月頃とか、少し説明の違うところがあるものの、概して15〜20℃の気温であれば発芽します。

　バジルの種はゴマ粒ほどの大きさで黒いです。東南アジアではデザートのトッピングとしてもよく登場します。また、種については、水に浸けると膨張する性質を利用して、ダイエッ

イーファの
春から秋まで
毎日バジルを収穫する方法

　3月、春一番が吹き荒れた後、もう暖かくなったなと感じた頃、バジルの栽培準備を始める時期です。まず、種をまきます。そして、時間を置いて、約1ヶ月後に2回めの栽培をしますと、ほぼ毎日バジルのある生活ができます。

3月
"春一番"が吹いたら種まき

4月
前回の1ヶ月後に種まき

これだけで、ほぼ毎日収穫！

ト時の健康食品としてもよく登場します（バジルシードダイエット）。実にいろんな場面で大活躍してるんです。日本では、葉がイタリア料理に使われるイメージが強いようですが。

ベランダでも100株栽培
毎日が大収穫祭

さて、種から栽培する方法を解説します。

まず、食品トレイに、バジルの種を入れます。種は生きているので、新鮮なもののほうが発芽率がいいです。できればその年の種を入手しておいてください。

どれぐらい種を発芽させればいいのでしょうか。それは、のちほど移植する時に使うトレイの大きさにもよりますが、ここでは、私がいつも使用しているジャンボすのこバットを想定して話を進めますね。

ジャンボすのこバットの場合は、$4 \times 4 = 16$株か、$4 \times 5 = 20$株が一番都合よく育ちます。

保険も入れて、種を25個ぐらい食品トレイに入れて、種を覆うぐらい水を注ぎます。

そして、食品トレイを台所など直接日の当たらないところに置きます。水を切らしたり、逆に水を入れすぎないよう注意しましょう。

ちなみに、私は惜しみなくバジルを使いたいので、大量に栽培しています。バジル専用の栽培バットは常に2～4個あります。

つまり、最盛期、$25 \times 4 = 100$株ぐらいを、我が家の狭くて限られたベランダ空間で栽培し

バジルの種は、ゴマ粒ほどの大きさ。

> **注意**
>
> **種がくっつかないようにする**
>
> バジルの種を水に浸けると、種のまわりにぷるぷるのゼリー状の膜ができます。そのまま食品トレイに入れる場合、種どうしがくっつくことがあります。そのまま放っておくと、発芽の際、根っこが絡み合ってしまい、移植する時に、1本1本分けるのが大変なので（とても繊細なので、傷つけてしまいやすい）、あらかじめ楊枝か、わりばしで種どうしがくっつかないように分けておくといいでしょう。

ています。これだけ大量に栽培すれば、毎日バジルを満喫できます。自分一人では大量消費しても消費しきれないぐらい、毎日が大収穫祭です。知り合いや友達にたくさんおすそ分けし、みんなから大変喜ばれました。

【発根＆発芽】
生命の神秘に感動

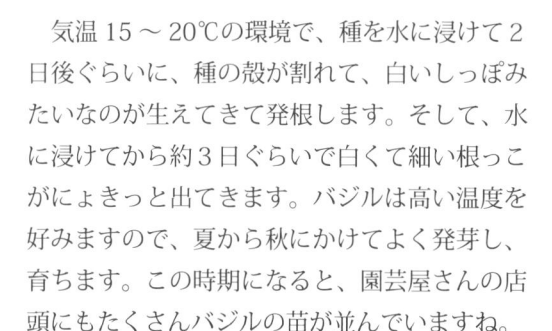

気温15〜20℃の環境で、種を水に浸けて2日後ぐらいに、種の殻が割れて、白いしっぽみたいなのが生えてきて発根します。そして、水に浸けてから約3日ぐらいで白くて細い根っこがにょきっと出てきます。バジルは高い温度を好みますので、夏から秋にかけてよく発芽し、育ちます。この時期になると、園芸屋さんの店頭にもたくさんバジルの苗が並んでいますね。

自分で種から栽培する場合、毎回そうですが、発根しているのを見ると、種って本当に生きてるんだなと感嘆し、生命の神秘さに感動を覚えます。このような感動は毎日です。

【植え替え】
4〜5cmになったらいっせいに

水に浸けて、4〜5日後、根っこがどんどん伸びてきて、芽もどんどん上に成長してきます。確かに、バジルは気温が高いほうが元気に育ちますが、すべての植物に関していえるのは、夏場は徒長しやすいのです。徒長する前に

> **Point**
> 最初まだ慣れないうちに、種をそのまま食品トレイに放り出すのが心配な方は、スポンジキューブを用意し、その上に種を置き、さらにティッシュペーパー（無着色無香料のものを）で覆って乾燥を防ぐようにしておきましょう。

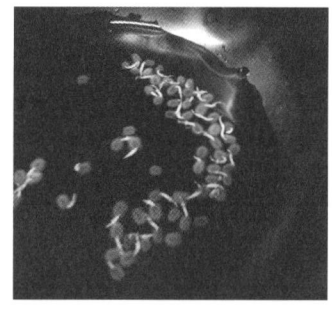

バジルの発芽。

生命の神秘さに感動！

作業をしたいものですね。

　発芽してからどんどん上を向いて成長するわけなので、私は大体、バジルの芽の身長（それとも座長？）が約4〜5cmに到達した頃、いっせいに植え替え作業を行います。

　植え替え作業するに当たって、あらかじめ、液肥水を作っておき、お茶パックも必要な数分だけ作っておくと、作業をスムーズに行うことができるのでおすすめです。もちろん、慣れたら、自分の一番やりやすい手順で作業を進めていくといいでしょう。

　さて、準備するのは、ジャンボすのこバット、お茶パック、わりばし（先端がとんがっている焼き鳥用串のほうが使いやすい。100円ショップで入手可能）、パーライトかバーミキュライト、スプーン、液肥水。

> 植え替えの方法については44ページ参照

茎が長く出ていないことがポイント。

　ポイントは幼苗の茎、パーライトから出ている部分が長すぎないようにすることです。長すぎると、頭が垂れてしまい、成長に支障が出てきます。もちろん埋めすぎてもよくないですよ。

　幼苗をパーライト(もしくはバーミキュライト)入りのお茶パックに植え替えしてから、ジャンボすのこバットのネットすのこの上に移します。そして、液肥を注入。

　これで植え替え作業完了。

　防虫ネットをかぶせて、ベランダの日当たりのよいところに移動すれば、バジルは太陽のエネルギーとハイポニカの栄養を吸収してすくすく育ってくれます。

植え替えた幼苗をジャンボすのこバットに並べる。

藻やコケも自然の摂理

　一般的に日本でバジルというと、このスイートバジルのことをいいますが、丸っこい葉っぱがすごく特徴的で、愛らしいです。

　収穫ももちろん楽しいのですが、毎日毎日少しずつ変化があって成長の様子を楽しめるのも栽培の醍醐味です。

　ジャンボすのこバットに移してからの成長はすさまじいものがあります。ところで、成長しているのは、バジルだけではありません。藻というかコケも日に日に増えてきます。

　まあ、日光と液肥だけでもじゅうぶん栄養分がとれていますもんね。

　ただ、本来バジルが吸収するための栄養分が横取りされているような気がして、少し藻が憎たらしく思えてきます。あ、すみません。少しではなくて、かなり憎ったらしいっす。

　対策法として、アルミホイルで覆い、液肥水が直射日光に当たらないようにするとか、いろいろ方策を講じられている方もいらっしゃるようですが、アルミホイルのゴミが出るのがしのびないので、今のところ、いい方法はまだ思いつきません。だれか、エコで有効ないい方法があったら、ぜひ教えてください。

　ということで、うちでは超ナチュラル栽培。あけっぴろげでおおらかで、寒冷紗の防虫ネット以外ではこれといった手を加えていません（←ただの手抜き!?）。

　そのかわり、液肥水に浸かっている部分に藻やコケができてしまいます。

植え替えてからの成長は著しいです。

成長してくると、害虫にも負けないくらいになります。

まあ、これも自然の摂理だと思って開き直っています。えっへん！（←自慢にならないって）

【栽培のポイント】
夏の終わりは栽培天国

　幼苗の時期、虫食いやアブラムシの虫害を防ぐため、防虫ネットが欠かせないのですが、ある程度成長してくると、バジルって結構強いのね。

　特に、８月の終わり頃から秋にかけては、虫害も少なくて、まさに**栽培天国**ともいえる時期。野菜たちも快適にすくすくのびのびと成長します。

　この頃には、もう寒冷紗の防虫ネットには収まりきれないほど成長してきますので、寒冷紗を一気に取り外します。

摘心すると長く葉の収穫を楽しめる

　バジルはそのまま育てると、とても高く伸びてしまいます。そうすると、すぐに開花します。そこで、１本のバジルを大きく育てるのではなく、収穫量を増やしたいのであれば、摘心を適宜行います。

　バジルがある程度、大体８〜10葉くらいに成長したら、根本から２〜３枝、葉でいうと、５〜６葉を残し、まん中の茎をはさみでパチンとカットします。

　バジルが枯れてしまわないかって？　ご心配

用語解説 •••

摘心（てきしん）
植物の先端を摘み取って成長を止め、わき芽を伸ばして枝分かれを促すこと。

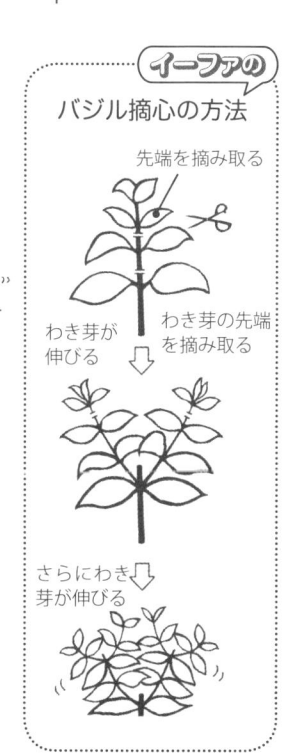

イーファの　バジル摘心の方法

先端を摘み取る

わき芽が伸びる　わき芽の先端を摘み取る

さらにわき芽が伸びる

なく。そうすると、切った茎のわきから新しい枝が伸びてきて2本に分かれ、また大きくなります。大きくなったらまた切ります。すると、また切った茎のわきから枝ができます。つまり、上へではなくて、横へ葉っぱが増えます。

摘心した葉っぱはそのまま収穫となり、料理に使えます。

根元から上の5〜6葉を除けば、新しく育った葉は、すぐカットしていただくので、バジルの成長スピードが、私が食べるスピードに追いつかなかったりして (^^ゞ。

うちのバジルは、上に向かって大きく成長した試しがないのだ……。最大のバジル喰い虫は私かもしれませんね。とほほほ。

ここで切っている
ここからわき芽が伸びる

摘心したところです。

【手軽にバジルの株を増やす方法】
摘心した茎を水に挿す

実はバジルはハーブの王様という呼称にふさわしく、生命力がとても強いのです。私はもっぱら種から栽培するのですが、摘心したバジルを水につけるだけでバジルの株を増やすという方法もあります。

途中からバジルの株をもっと増やしたいな、あるいは摘心して食べきれない分をクローンバジルとして育てたいと思ったら、水に挿すというとてもシンプルな方法で増やせます。

容器は本当になんでもいいです。私は根っこの成長が観察できる透明なものが好きですが、根っこが出てから、自分の気に入ったかわいらしい容器に移してもOKですよ。

わき芽が成長。枝数が増えてわさわさしてきた。

せっせと収穫されるこのバジルたちは、これ以上大きくは育たない。

毎日採れたて！
ソーファの水耕栽培

　そのまま部屋に飾っておいても素敵な観葉植物に早変わり。

　部屋に飾っている間はバジルの香りが常に部屋中に充満し、ピザとジェノバソースパスタが食べたくなっちゃうんだけど（←どこまで食いしんぼだ！？）。

　バジルは常に新鮮な水を必要とし、毎日水を取り替える方もいらっしゃるようですが、私は液肥水に挿して、そのまま注ぎ足しをしているだけで、特に水を取り替えていません。

　水も大事ですが、日光も大事です。

　室内にずっと置いていると、葉緑素が足りなくて、緑がどんどん薄れていって、黄緑色の葉っぱになってしまいます。

　バジルはやっぱりつやつやとした緑色のほうがおいしそうですから ^^。

　水に浸かっているところから発根しますので、ある意味ではバジルは無限に増殖できる植物です。

水に挿しておくと、簡単に増やせる。

毎朝、液肥水の注ぎ足しのついでに収穫。

バジルって本当に生命力がすごい！

　ある日、ベランダの排水口付近から少し小さい緑の点が目に飛び込んできました。なんだろうと近づいて確かめたら、バジルの幼苗じゃないか！

　こんな劣悪な環境に置かれてもちゃんと発芽してくれたバジル！　なんか涙ぐましい！！

　さっそく、根っこが傷つかないよう、根元ごと、すくいあげて植え替えしました。

排水口付近でバジルが発芽！

バジル

根元を見ると「木!?」

　我が家のマンションベランダはちょうどビルのすき間風が通るから、背の高い植物ですと、風に吹き飛ばされて、下に落ちて通りかかる人に当たってしまう危険があります。そこで、何度も摘心することで、植物の高さを意図的に抑えています。

　特にバジルは高さ20cmくらいに抑えているため、横や脇にどんどん枝分かれして増えます。上の方からやわらかい葉っぱを切っていくので、最終的には根元の部分が樹木化してまるで木みたいになります。

最初の摘心＝収穫は、4月頃。その後は肌寒くなる頃まで収穫が可能です。ほとんど手がかからないし、元気に育ってくれるバジルが本当に大好きです。

根元が木質化して、樹木のようになったバジル。

毎日採れたて！イーファの水耕栕培

recipe

羅勒煎蛋（バジルの台湾風卵炒め）
（ルオ ラ ジエンダン）

材料
バジルの葉っぱ……20〜25g
卵(Mサイズ)……3個

調味料
塩……適量
黒胡椒……適量
ごま油とオリーブオイル……適量
（普通のサラダ油でもOK）

作り方
バジルの葉は、軽く水で洗った後、水気を切り、適当に刻んでおきます。
卵は、塩を入れて、軽く溶いておきます。
1. 中華鍋を温めます。
2. ごま油とオリーブオイルを中華鍋に入れながら、油が全体にいきわたるように中華鍋を回します。
3. 中火で加熱し、煙が出てきたら、バジルを入れて香りが立つまで炒めます。
4. 黒胡椒をパラパラと入れて味を調えた後、溶き卵を回しながら中華鍋に入れていきます。
5. 卵の周囲が固まってきたら、全体を裏返します。
6. 何回か裏返して、きつね色になるまで焼きます。

【一口メモ】
台湾では「九層塔」こと台湾バジルを使うのですが、スイートバジルで代用しても同じようにおいしく仕上がりました。
私はいつも先にバジルを炒めてから溶き卵を入れるのですが、刻んだバジルを先に溶き卵に入れて、卵と一緒に炒める方法もあります。前者の方がバジルの香りがいっそう引き立って香ばしいと思いますが、後者は仕上がりの食感がふわっとなります。人によって好みが分かれるところでしょうね。
台湾では朝粥のおかずによく登場する一品です。

> バジルの茎は取り除いて、やわらかい葉の部分だけを使いましょう。

バジル

Coriander

コリアンダー

コリアンダーのない毎日なんて考えられない……！

　コリアンダーは台湾料理に欠かせない存在です。中国語名である香菜(シャンツァイ)のとおり、スープの仕上げの香り付けに、刻んだ葉っぱを散らしてあげると最高ですね。その他にも、涼拌(リャンバン)という中華風和え物に使ったり、魚料理や肉料理、いずれの料理でも、香菜があるのとないのとでは全然風味が違ってきます。台湾の日常生活の食事の中でなくてはならないハーブ、それが香菜です。私が小さい頃から親しみ慣れた薬味なだけに、香菜は、私の血液となって体中を巡り回っていると言っても過言ではないのです（←やっぱり過言ですかね？）。

　ところで、香菜は、日本料理に用いられることが少ないためか、ほかのバジルやミント、ローズマリーなどと比べたら店頭で見かけることは少ないですよね。それこそ、エスニック料理の食材店にでも行かないと入手できないぐらい

コリアンダーは欠かせない存在。

毎日採れたて！イーファの水耕栽培

貴重な存在。台湾人にとっては、大変な驚きです。だって、台湾では、野菜を買えば、ただでおまけとして束でついてくるんですよ。

日本でも身近に香菜があって、食べたい時に食べられる環境があったらいいな（←いつもの食いしんぼ的発想）。というわけで、バジルの水耕栽培に成功したことですっかり自信をつけた私は、長年の野望である香菜栽培にもチャレンジしたのでした。

えっ、水耕栽培なのに土が必要！？

ところが、バジルと違って、知識もないままチャレンジするのは無謀な相手だったことは、前に記したとおりです。種を水に浸けても一向に発芽の気配がありません。発芽するところが、種ごと腐ってしまったこともしばしば。一筋縄ではいかない手強い相手でした。

試行錯誤とけがの功名で編み出した必勝法をこれから詳しく紹介します。

発芽させるまでは土が必要ですから、完全な水耕栽培ではありません。

そんな！　水耕栽培の本じゃなかったの？

ということなかれ！　まあ、私の話を聞いてください。

発芽エピソードは32ページ参照

コリアンダーを発芽させるのは、大変だった。

解決できたのはけがの功名だった……

【種まきの時期】

3〜4月、9〜10月の年に2回。発芽温度は20〜25℃です。

私の経験では、夏場よりも、涼しくなる秋のほうが育てやすい気がします。

コリアンダー

【種まき】

1. コリアンダーの種はかたい殻に包まれているので、種をまく前に、かたいものなどで軽く押さえたり、またこすって割れ目を作って殻を破ります。殻の中には普通2つの種子が入っています。スプーンを使って手のひらで軽く押さえると簡単に殻が破けます。また、ティッシュのなかに入れて、二つ折りした状態で包んで、上からビール瓶などを軽く転がしてもいいでしょう。コリアンダーの種は殻がかたいので、発芽しにくいのが特徴です。2つに割った状態で水に浸けると、発芽率がぐんとよくなります。
2. 割れた種を水につけて外皮をやわらかくします。
3. 時々水を取り替えて（私の場合は1日に1回程度）、種を2～4日間水に浸けます。
4. 水ごと、土に埋めておきます。後で掘り返す時、根っこを傷つけないように、間隔をおいて種をまきましょう。
5. その後、1日1回程度水やりをします。

注意 1週間以上浸けると、種が腐ることもあります。特に夏場は腐敗しやすいので注意しましょう。

【発芽】

1. 適温の環境であれば、1～2週間で発芽し、土から新芽をのぞかせてくれます。芽が出ると、それだけで無性に嬉しくなります。
2. 1週間ぐらいで双葉の間から小さな本葉が出てきます。これぐらい成長したら、いよいよ植え替え作業を行います。

【種まきの方法】

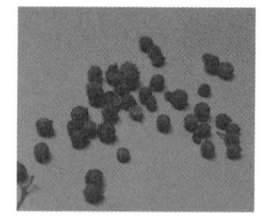

コリアンダーの種はかたい殻に覆われています。

↓

スプーンやビール瓶など、かたいもので殻を割ります。

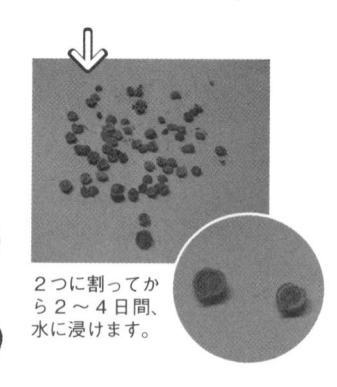

↓

2つに割ってから2～4日間、水に浸けます。

種を土にまき、発芽させます。

毎日採れたて！ イーファの水耕栽培

イーファの コリアンダー植え替えの方法

【必要なもの】
・竹串かわりばし
・スプーン
・受け皿
・お茶パック
・パーライト
・水切りバット
・液肥

01 はしを持つような感じで持った竹串を土に深く（3〜4cm）挿し込みます。この時にコリアンダーの幼苗の根っこを傷つけないように注意してください。

02 根っこごとすくい上げるような感じで幼苗をやさしく持ち上げます。

Point 水を少し張っておく。

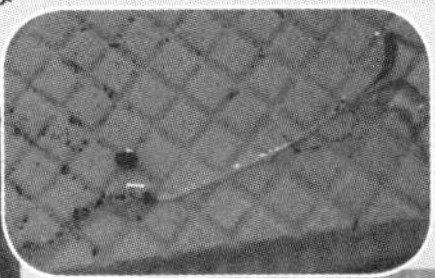

徒長してしまっても挽回できます。

03 土が少しついても特に気にしません。変に振り落としたりして根っこを傷つけないように気をつけましょう。掘り起こした幼苗が乾燥しないように、受け皿に少し水を張っておきます。

04 お茶パックとパーライトを用意し、植え替え作業を行います。

05 茎が折れないようお茶パックの底面にとぐろを巻くような感じで幼苗を入れ、パーライトを半分ぐらい入れます。コリアンダーの場合、増し土する必要も出てくるかもしれませんので、その余裕を持たせておきましょう。

06 ジャンボすのこバットに移動し並べます。液肥水を注入します。お茶パックの底面から0.5〜1cmまで注入し、根っこがお茶パックから伸びてくるまでの間、乾かないよう水位を多めに維持しておきます。

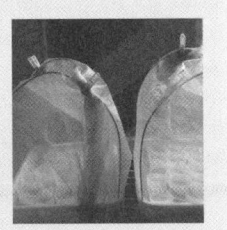

07 小鳥や害虫から幼苗を守るため、防虫ネットを張っておきます。ベランダに移動します。

コリアンダー

91

【植え替え】

植え替えは、前ページの手順で行います。

【栽培のポイント】
防虫ネットから、はろ～

どのハーブもそうですが、特にコリアンダーは水分を好みますので、液肥を切らさないように注意しましょう。

夏場は半日陰（94ページ参照）の場所の方がよく育ちます。

苗が約10cmぐらいまで成長してきたら防虫ネットをはずします。

最初は、種まきでの失敗経験から、ちゃんと成長させようと大事に大事にずっと防虫ネットをつけたままでした。これが失敗。

そのうち、防虫ネットよりも高く成長して、窮屈な思いをさせてしまいました。

窮屈な思いさせてごめんよ～

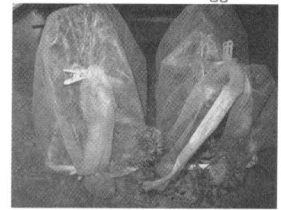

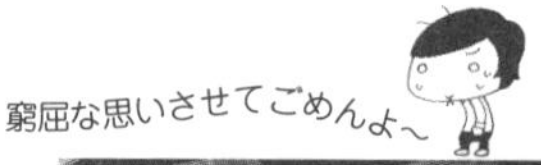

防虫ネットの中で、窮屈そうなコリアンダー。

防虫ネットを外したら

元気いっぱい！

防虫ネットをはずすと、はろ～、こんにちはと顔を見せてくれた元気いっぱいのコリアンダー。

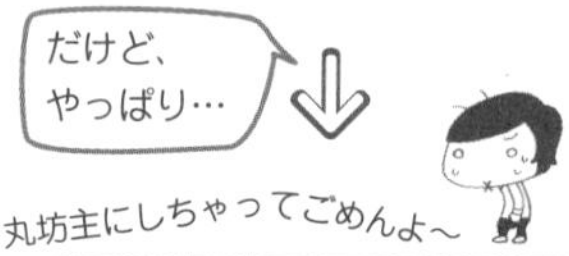

だけど、やっぱり…

丸坊主にしちゃってごめんよ～

【収穫】
ついつい刈り込みすぎて丸坊主に…

収穫ははさみで行います。

最初は摘心の大事さも知らなかったので、一気に大きくなってから収穫。

やわらかい葉っぱのところから切っていくつもりだったのですが、つい調子に乗っていつの間にか刈すぎてしまい、コリアンダーが丸坊主に……。

でも、ご心配なく。その後ちゃんと復活して葉っぱが生えてきましたから。

私に食べられちゃった成れの果てです。

2シーズン以降は頃合いを見て、摘心をかねて少しずつ収穫してます。

【失敗談1】
発芽したコリアンダーにアブラムシがびっしり！

> 捨てた種から芽が出た話は34ページ参照

ひょうたんから駒、腐ったと思ってプランターに捨てたコリアンダーの種から芽が出てきてびっくりした話はすでに記したとおりです。

当時は、水耕も始めたばかりだったし、水耕と土栽培とはまったく別物と思っていた私は、土の中から出てきたコリアンダーの幼苗を大事に大事に育てようと思いました。そのまま土で。

ところで、大事に大事に育てた香菜はなかなか大きくなりません。

2ヶ月間育てても、6cmしか大きくならないし、葉っぱのふちが茶色っぽいし、アブラムシに吸われっぱなし。

> アブラムシは、植物の汁を吸う害虫。
> ちゅうってすうよ

日本では、「金物のような独特な匂いがする」って言って敬遠する人が多い、香菜ことコリアンダーですが、幼苗なんてアブラムが喜んで喰いつくのですね。その事実自体いささかショックですが。アブラムシを見たくない一心で、幼苗を土栽培から水耕栽培に移行させたところ、結果としては大成功。現在の「土栽培で発芽」＋「水耕栽培で育成」という方法にたどりついたわけです。

【失敗談2】
日光浴をさせすぎると、育たない！

コリアンダーの性質をよく知らなかった私がやらかした大失敗ですが、大事に育てたい一心でベランダの一番日当たりのよいところに可愛いコリアンダーを置いて、日光浴させてました。

今思えば、ものすごくかわいそうなことをしたと思います。

実はセリ科のコリアンダーは、夏場は直射日光よりも日陰か半日陰の環境の方が元気に育つんです。その方が葉っぱもやわらかいし。

ちなみに、日光浴をさせすぎたコリアンダーたちは、写真以上には大きくならないまま花が咲きましたが、実ができませんでした……泣。

用語解説•••

半日陰
1日数時間日が当たるか、木漏れ日程度の日が当たる場所。

日光浴をさせすぎたコリアンダーは、これ以上大きく育たなかった。

ようやく発芽に成功！
…でも、みっしりで、ちょっと失敗

さて、このような失敗を経て、「土栽培で発芽」＋「水耕栽培で育成」という方法にたどりついたので、リベンジを期し、その年の8月末、ひょっとして、収穫祭を期待できるかも〜！！と捕らぬなんとかの皮算用で、早速実験開始！

種を割り、水に浸けて、2〜3日後にプランターに埋める。そして、約1週間後、コリアンダーが発芽。YA♪

でも、そこでも実はちょっと失敗……。

土に埋めた時、後先を考えないでどっぱっと捨てるような勢いでやったから、幼苗がみっし

みっしりだし、
徒長してるし
……

何も考えずに種を埋めたら、幼苗がみっしり……。

り。しかも、忙しさにかまけてしまったため、ちょっと徒長気味……（ちょっとじゃなくてかなり、ですね）。

　余談ですが、実は、食品トレイ発芽に失敗する前もスポンジ発芽を試みたことがあります。

　種の殻を割ってない（そんな必要があるなんて教科書では教えてくれなかったもん）し、そのためなのか、発芽率が極めて低かった。

　やっと発芽しても、2つの種子がくっついています。

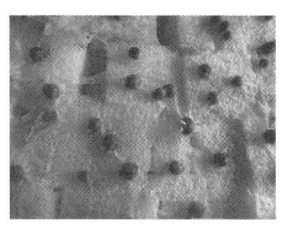

種を丸ごと、スポンジにまきました。

1つの実に2つの種があるなんて……。

実を2つに割ってからまくと、1株ずつになります。

水耕栽培ですくすく成長
一緒に藻もすくすく成長…

　結局コリアンダーの場合、水に浸けてから、土の力を借りて発根、発芽させ、お茶パックに植え替えして、水切りバットにセッティングするのが今までで一番しっくりきた栽培方法です。つまり、土＋水の両刀遣いがベストです。防虫ネットでガードしておけば、アブラムシもつかないし。

　経験上、発芽してからは、土栽培よりも水耕のほうがすくすく成長するように思えます。

　藻もすくすく成長しますが……。まさに玉にキズです。

　10月頃になれば、いよいよつぼみができ、花が咲きます。

　それまでも、適宜に摘心したほうが、葉っぱがこんもりとなり、より長い間葉っぱを楽しむことができます。

水耕栽培ですくすく成長。

花が咲く頃になると、もう茎も葉っぱもかたくなってきますので、白くてかわいらしい花を楽しみましょう。そのまま放っておくと、花びらが落ちて、種が熟し始めます。

茶色くなった種を枝単位でカットして、さらに乾燥させます。枝を束ねてビニール袋に入れて、揺らしたり、軽くポンポンと叩くと実がぽろぽろと落ちます。枯れ葉や木くずを取り除き、チャック付きの保存袋に入れ、冷蔵庫で保管しましょう。

ラベルに種別と日付を記入すると分かりやすいでしょう。

このぐらい大きくなると、アブラムシの心配もなく、鳥害もないので、防虫ネットをはずしてあげてもいいでしょう。

10月頃になると、つぼみができ、花が咲きます。

Point
採取した種はラベルをつけて、冷蔵庫で保管。

recipe
蘿蔔排骨湯（ルオボパイグタン）
(スペアリブと大根の水炊きスープ)

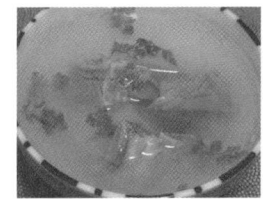

材料
スペアリブ……約300g
(適当な大きさにカットしたもの)
大根……約500g
ねぎ……1本
生姜……薄切り 2~3枚
コリアンダー……好みの量
水……1.5ℓ

調味料
塩……小さじ 1~2
白胡椒……少々

下ゆでしてから冷水できれいにアクを洗い落とすと、きれいで澄んだスープに仕上がりますよ。

作り方
1. スペアリブは、下ゆでして、生臭さを取り除きます。大根は、皮をむいて、いちょう切りにしておきます。ねぎは、まず半分に切り、その半分を4cmの長さに切り、残りの半分はみじん切りにしておきます。コリアンダーは、みじん切りにします。
2. 鍋に水を張って沸騰させます。沸騰したら下ごしらえしたスペアリブ、生姜、4cmに切ったねぎを入れて、30分ほど弱火で煮込みます。
3. 大根を鍋に入れ、さらに20分ほど煮込みます。
4. みじん切りのねぎとコリアンダーをパラパラと散らして、塩と白胡椒で味を整えたら完成です。体の芯から温まる台湾人の大好きなスープに仕上がります。

コリアンダー

【一口メモ】
　台湾人は、スペアリブがカットされていなくてもあまり気にしません。口に入らないほど大きい場合は、韓国料理を食べるのと同じ要領で一口サイズに切り分けてから食べるか、手に取ってそのまま豪快にかぶりつきます。
　コリアンダーを入れなくてもおいしいスープができますが、入れたほうが断然香りが違いますね。コリアンダーなしでは、台湾人的にはちょっと味がぼけてしまう気がします。バリエーションとしては、材料に、昆布、干ししいたけ、干貝柱を加えると、さらにゴージャスな味に仕上がります。干ししいたけや干貝柱の戻し汁も捨てないで、1回こしてから加えると、スープにコクが出てすばらしい味になります。
　ちなみに、台湾人は、スープを作る時、大同電鍋（ダトンディェングォ）という万能炊飯器を使います。日本の炊飯器と違って、「煮る、炊く、蒸す、保温、温める」が1台でできるんです。台湾人の嫁入り道具に欠かせない神器のひとつです。
　すべての材料を内鍋に入れて、外鍋に水2カップを張って、朝出かける際にスイッチを入れておけば、夕方自宅に帰る頃には、もうホクホクやわらかくておいしい大根スペアリブスープが待ってくれています。帰宅即夕食にできるんですよ。超便利！

【二口メモ】
　コリアンダーは特に大根スープと相性がいいんです。他にもいろんな中華スープや、中華料理に使われています。

香菜涼拌茄子（ナスの香菜和え）
シャンツァイリャンバンチェーズ

材料
長ナス……3～4本
香菜……2株
鷹の爪……1本
にんにく……1かけ
生姜……少々

調味料
醤油……大さじ　3
酢……大さじ　1（黒酢でもOK）
ごま油……小さじ　1
砂糖……小さじ　1

作り方
1．ナスは、縦に半分に切った後、斜めに薄切りにし、水にさらしておきます。
2．香菜、鷹の爪、にんにく、生姜は、それぞれみじん切りにして調味料の中に。
3．下準備したナスをスチームケースに入れ、600Wで4分ほどチンして蒸らします。
4．やわらかくなったナスは冷たい水で粗熱を取り、絞って水気を取ります。
5．タレをかけてまぜれば、我が家が夏によく食べるおいしい香菜涼拌茄子のでき上がりです。

【一口メモ】
　にんにくや辛いのが苦手な方は、鷹の爪やにんにくの代わりにねぎを使うといいでしょう。仕上げに白ごまをパラパラまぶしてもよし！　砂糖を入れると甘酸っぱくて夏にもってこいなのですが、甘いのが嫌という人は、入れなくても大丈夫ですよ。中華の極意はフレキシブルですから＾＾
　電子レンジによっては、ナスがしんなりするまでの時間が違うこともあります。私なんか自動で適当に加熱し、余熱でナスがやわらかくなるのを待ったりすることもあります。その間にタレの準備しておきます。ただ、この方法だと、ナスの色が余熱で落ちてしまうので、それが嫌なら、きちんと加熱した後すぐに冷たい水にさらしておくといいでしょう。
　もちろん、蒸し器をお持ちの場合は、蒸し器を使ってなすを蒸すのもいいですよ。ナスは油との相性がよいので、揚げナスにしてもおいしいです。

Shiso

シソ

台湾人はシソが苦手

多くの日本人は、香菜が苦手のようですね。食べ慣れてないせいで、その香りがきついという感想をよく聞きます。実は多くの台湾人は、日本料理で香味野菜として大活躍するシソが苦手な人が多いんです。私もかつて、そうした一人でした。強烈な香りも理由の一つですが、台湾料理にあまりシソが使われてないから、食べ慣れてなかったんですよね。

今は薬味野菜として大好きで、特に韓国料理のサムギョプサルを食べる時に、お肉にシソ、キムチ、にんにく（生がおいしいよね。その後の臭いはおかまいなし）、コチュジャンをはさんで食べると、まあ、カロリーのことさえ気にしなければ、私何枚でもいけますわ。サムギョプサルがきっかけで、シソが大好きになりました（本当は韓国ではエゴマの葉を使うんですが、日本では青ジソで代用）。

ところで、前からずっと気になっていたこと

台湾人は、シソが苦手

ですが、スーパーで売っている「大葉」ってシソの葉のことでしょうか。調べてみたら、大葉はシソの葉で、食料としての通称名だそうです。

新鮮なシソをこころおきなく使いたい

さて、いつものように、家庭菜園の大先輩の達人の話です。

達人曰く、

> 何年か前にうちの庭にシソがどこからか飛んできたんだよね、それから特になにもケアしてないんだけど、毎年夏になると勝手にいっぱい出てくるの。

だそうです。それで、毎年そのおすそ分けの恩恵をちゃっかりうけてる私。

大量の大葉、しかもスーパーで売られているものよりもサイズが全然巨大なものを。どんなに頑張ってサムギョプサルを食べても消費しきれないわけ。なんで、いつも大葉餃子を作ります。鶏肉と相性がいいので、大量の大葉に鶏肉、生姜、ねぎだけでおいしい大葉餃子ができ上がり。

ある年、達人から穂ジソを大量にいただきました。茎や枝を取り除いて実（？）のところだけきれいに洗って、水気をよく切って、醤油をドプドプ入れてシソの実の醤油漬けにしたら、あごが落ちるほどおいしかったです。そういえば、いつか大葉にんにく醤油というのが流行っていましたね。どんなお料理にも使えて便利。で、新鮮なシソをこころおきなく使いたい、という一念で、シソ栽培にチャレンジすることに。やはり私には食い気のモチベーションが一番だね。

土栽培でも育ったから、油断した！

いつもの行きつけの100円ショップでシソの種を見つけた瞬間、即ゲット。その他大勢の種と一緒にですが。

実はこれまでにもシソを栽培したことはありました。達人から苗を分けてもらったので、土栽培を試したことがあるんです。日当たりの悪い我が家のベランダ。1日2時間しか日が当たらないのですが、そこそこ順調に育ってくれました。小さめの鉢なので、高さもあまり大きくならず、葉っぱも小さめでしたが、じゅうぶん楽しませてもらいました。

これなら水耕栽培でもうまくいくはず……だったのですが、これから私がやった失敗談をご披露しますので、ぜひとも私の二の舞にならないでくださいね。

土栽培でそこそこの成功（まったくの思い込みではありますが）をおさめた私は、水耕でもいい気になって、適当にやればそこそこうまく育ってくれるだろうと甘く考えていました。

シソの種。

密集しすぎて根詰まりに…！

私がやった1つめの失敗は1つのトレイに8株ものシソを栽培したことです。あとになって分かったことですが、シソって根を張る植物だそうです。土栽培の時は、直径30cmの鉢に1本植えしていたので、30cm以上の高さにこそなりませんでしたが、それでも健康な葉を収穫

Point
シソは根が張るので、余裕をもって育てる。

することができました。

ところが、シソの水耕栽培を始めて最初に感じた異変は、葉の縁のギザギザのところが茶色になっていることでした。最初は病気かな、それとも虫食いかなといろいろ考えましたが、調べてみたら、単なる植えすぎが原因の、根詰まりであるということが判明。

ジャンボすのこバットのサイズは約 27 × 32cm で、それの半分の 15 × 32cm の面積に 8 株ものシソを植えたわけですから、根詰まりが起きないわけがありません。

ねぎを駆逐する !? シソたち

私がやった第 2 の失敗は、よく調べもせず、植物の相性や特徴を考えずに勝手にカップルというかコンパニオンプランツにしてしまったことです。まったくコンパニオンプランツどころか、逆効果でした。ここで白状しますが（もうすでに写真でお気付きの方もいると思いますが）、シソとねぎを同じトレイに入れて栽培してしまったのです。ただでさえ根詰まりが起きやすいシソ（そんなこととはつゆ知らず）を多頭飼いならぬ、狭い空間に多株栽培してしまって、シソにとっても災難でしたし、一番とばっちりを受けたのは同居者のねぎでした。ジャンボすのこバットのネットすのこから底面までの約 1cm ある空間は、もう完全にシソの太くて黒い根に占拠され、ネットすのこが突き上げられ、盛り上がっている状態でした。ねぎの根っこはまさに虐げられた状態。私の無知無謀による行為で本当に迷惑をかけてしまいました。

6 月 13 日に種まき。8 月 24 日に葉のギザギザのところが茶色になってない部分だけ切り取って収穫。

大成功には程遠く、決して満足できる成果ではありませんし、改善すべき点がたくさん残っているシソの水耕栽培でしたが、シソの特性を知って（つもり）、次回の栽培に生かしたいと思います。

星 3 つで評価するならば、1 つの出来でした。

シソとねぎは、コンパニオンプランツにはならなかった……。

Okura

オクラ

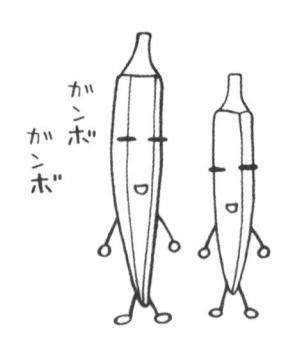

(ガンボ ガンボ)

食べるのに勇気が必要だった

　日本に来てから、食べ物にネバネバドロドロ系が存在していることを知りました。その代表は納豆、山芋、オクラ、めかぶ、もずくなど。いずれも台湾にいた頃には、見たことも食べたこともありませんでした。というか、ネバネバドロドロの食感がはっきりいって鼻水（おっと失礼）にそっくりなので、最初は口に入れるのに勇気が必要でしたよ。

　今は日本人以上にネバネバ系の食べ物が大好きで、毎日食べたいと思っています。人間の好みって本当に変わるものですね。

　もちろん、スーパーに行けばいつでも買えるものですが、そうじゃなくて、自宅栽培して新鮮なものをいつでも、というのがすっごくステキな響きじゃん？　少なくとも私にとっては。

　自宅で栽培できるネバネバ系食材はというと、オクラしかありませんね。まあ、山芋も土地さえあればいつかは栽培してみたいとは思い

（ネバネバは、苦手だった……。）

（そーなのぉ？）

毎日採れたて！イーファの水耕栽培

ますが、今の我が家のベランダの状況を考慮すると、ひとまずオクラで我慢。

うれしいことに、2袋105円の100円ショップセレクト種のなかにオクラが入っていました。ラッキー！　早速購入。

オクラの種を購入した時期は、土栽培から水耕に切り替えて間もない時期、というか過渡期だったので、分からないことだらけ。暗中模索状態でオクラの水耕栽培にのぞみました。

いそいそと、スポンジをいくつも準備して、その上に種まきをしました。

水耕栽培での種からの栽培は、実験の意味合いが強く、とりあえず手当たり次第、入手可能な種という種を全部まいてみました。

その結果は、**ジャジャーン！**
ちょっとまきすぎやね(汗)。

6月15日
種まき

わからないことだらけで、とりあえず、栽培スタート！

これがオクラ

まん中のひときわ大きくて黒っぽいのはオクラです。こんなぎゅうぎゅう詰めのなかで、みんなよく頑張ってくれたね。これは確か6月中の、種をスポンジにまいて2日後の写真。

オクラを水耕栽培って、無謀かも!?

もう元気いっぱいに発根してくれて大感激！

ここで育て方に関するインターネット情報をおさらいしてみましょう。

まず、栽培の準備編で、苗の選び方
……あの、種からの栽培ですが。

初心者なら、市販の肥料入りの培養土が簡単

こんななか、頑張ってくれて、感心、感心。

オクラ

でおすすめです。
　　　　……ええと、水耕ですが。
　うんと、つまり、水耕栽培でオクラをやっているところがあまりないってわけかしら。
　よし、分かった。
　基本形でいきましょう。
　まず、発芽温度は25〜30℃と高めで気温が上がった５月以降がよいと。ふんふん、じゃ、６月まきというのはあながち遅いこともなかったわけね。よしよし。
　植えつけ、間引き、追肥と、で、水耕の場合、植えつけはどうしたらいいかしら。だって、オクラは上に上に背が伸び、軽々と１m以上の背丈になるんですって。
　その、うちのベランダの高さ制限は基本的に約20cmですが……。水切りバットの場合、支柱なしではオクラのような野菜の栽培はどうも無理なのかな？
　ほかに方法はないかしら。
　と、また困った時のインターネット検索。
　そうしたら、あったあった、ペットボトルを利用してさやえんどう、いんげん、枝豆などを栽培する達人たちがネット上でちらほら。
　通称ペットボトル栽培（そのままやん！）。
　個人個人独自の工夫や創意によっていろんな形のペットボトル栽培容器ができます。逆に言えば、どれが一番自分に合うかを見極めるのは、まだやったことのない人間にとってはかなり難しいことなのです。
　必要なものは容器としてのペットボトルと、ペットボトルの底面から液肥水を吸い上げてくれるフェルトです。それに、バーミキュライトがペットボトルの穴から下に落ちて行かないように、キッチン用水切りネットを使用する人もいたりします。
　どれが一番使い勝手がいいのかな？　こればかりは自分で試してみるしかないですね。
　ということで、いろいろな形のペットボトル容器を作るのに大量のペットボトルが必要だ（やはり種をまきすぎた……涙）。

まる2日間、
ひたすらペットボトルと格闘

　普段市販の飲み物を買わない私にとって、ペットボトルを集めるのは結構難しいことでした。

　もう発根してるし、近日中に空のペットボトルの必要性が差し迫っている事態が！　しかもできれば2ℓ以上のものが望ましい！　ううっ、これは試練だね！

　これから1ケースを買ってきたって、直ちには飲みきれないしね。これは事件だ。

　ということで私がやったことは、近所の行きつけのスーパーに図々しくお願いして、資源ごみとして捨てられているペットボトルをわけてもらったのです。

　助かった！

　というわけで、一刻を争う事態に備えて、夜なべをしてペットボトル細工をするはめに。

　普段何気なく手にとっているペットボトルですが、メーカーによって形が微妙に違うんですね。細工する時に、ペットボトルの筋や凸凹にそって切ったほうが楽だということも、やっているうちに分かりましたし、はさみよりもカッターで切り込みを入れたり、切り取ったりしたほうがきれいにペットボトルの形を作れるというコツもつかみました。

　そりゃそうよね。2日間、100本以上、いろんなメーカーの、いろんな形のペットボトルを細工してれば、中国語の諺——熟能生巧（ソウレンセンチャウ）——何事でも慣れればコツが分かる、になるよね。

イーファの
オクラ用栽培
ペットボトル加工方法

01 まん中より少し上あたりで切ります。

02 フェルトを通すすき間をカッターで開けます。

03 カッターのすき間をライターであぶると、程よいすき間になります。

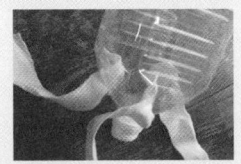

04 短冊状に切ったフェルトを挿し込みます。

05 切り離した下側に、飲み口を下にしてはめ込み、使用します。

支柱立てで右往左往…

さてさて、容器であるペットボトルの準備が完了したところで、いよいよ植え替えですが、２ℓの容器に何株を植えればいいのでしょうか？　１株ですと、まだ苗が小さいので、スカスカで不安定で、すぐにでも倒れそうな気がします。あっちゃ～。ペットボトルの細工のことばかり考えていて、支柱のこと考えていませんでした。

とりあえず、焼き鳥用の串を支柱代わりにするしかないね。串をお茶パックとボトルの間のすき間にさし込んで、ペットボトルの切り込みのところを利用して、針金で軽く苗の茎と串をくるくる縛って固定します。

ペットボトルによっては２株しか入らないものと、ぎりぎり３株でも大丈夫なものがあって、串も２本だったり、３本だったり。なんとかひとまず固定してみました。

もっとも、後になって成長が速い株の支柱はわりばしに替えてみたり、やがて、わりばしでも支えきれなくなって、さて、さらなる対策を考えなければならなくなったんですけど。

最後にたどりついた支柱対策はワイヤでした。

最初は100円ショップで５～６号鉢用の円型支柱を購入。高さ約28cmでワイヤの直径は約1.5mmのもので、５組入りのものでした。

欲しいのはまっすぐのワイヤの部分だけなので、ペンチなどを使って輪っかを取り外しておきます。取り外したワイヤを両手で曲げて、ア

わりばしで支えている。

成長に合わせて、串→わりばし→…と変えてみた。

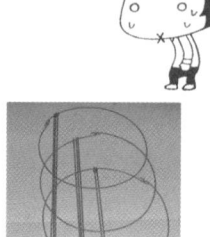

結局、100円ショップで支柱を購入。

ーチ状にします。ペットボトルと、商品名などを印刷しているビニールラベルのすき間に挿し込みます。1つのペットボトルに2本のワイヤを使い、上のほうでクロスさせて、針金で固定しておきます。

　最初は1つのペットボトルに1本のワイヤしか使用していなかったのですが、バランスが悪く、オクラが成長してくるとその重さでワイヤがグラグラ、ボトルの重心も悪く、風がなくても倒れやすかったので、2本のワイヤを使用することにしました。

　すき間があると詰めたくなる私は、オクラの苗が小さいのをいいことに1つのボトルにお茶パック3つも詰め込んでいました。オクラは成長するにつれてどんどん背が伸びてくるので、針金で輪っかを作って、茎をワイヤに軽く添えるようにして固定します。

ラベルとペットボトルの間に、ワイヤを挿し込む。

1ボトル3株、20ボトル…つまり、60株ものオクラを栽培

　オクラがまだ幼苗の時はシャンプーラック（段と段の間の高さは約30cm）にボトルを入れて栽培していましたが、オクラは思いのほか成長が速く、早々にスチールラック(段と段の間の高さは約60cm)に移動させることになりました。最盛期はボトル20個で、1個のボトルにオクラが3株詰め込まれていましたから、約60株を栽培していたことになります。もうベランダは、オクラで緑いっぱいのグリーンカーテン状態です。

スチールラックの棚はオクラのペットボトルで占領された状態。

オクラが成長してくると、根っこも濃密になってきて、ボトルの底部のスペースは根っこでパンパンです。液肥水を入れるスペースは少なくなるし、成長まっただ中のオクラは貪欲なほど液肥水を吸い上げるし、ただでさえ盛夏で液肥水の蒸発のスピードが速いから、この時は液肥水の水位を大変気にしていました。朝出かける前にいつもより多めに液肥水を注入しておかないと、夕方帰宅する頃には液肥水はカラカラ、オクラはしんなりで、枯れる寸前の事態に何度も遭遇しました。

　そんなこんなで、6月15日に種まきをしたオクラの群れの中から、8月29日に初のつぼみを発見！

　大感激！

　朝晩の水やりも楽しくて、早く大きくなってくれないかなと収穫を心待ちにしていました。

　そして、ついに初開花の日がやってきました。

　9月11日です。

　スーパーでよく100円のネット入りオクラを食べていますが、オクラの花を見るのは人生初めてです。

　調べてみたら、オクラは芙蓉やハイビスカスと同じ葵（あおい）科の植物だそうです。オクラの中国語名は秋葵（チョウウェイ）といいます。なるほど、これで合点がいきました。でも自分で栽培してみて思ったのですが、オクラの栽培時期は5～9月で、別に秋と関係なさそうですが……。

8月29日
初つぼみ

大感激！

9月11日
開花

人生初のオクラの花。

初収穫は、鑑賞すること30分…

　まだかな、もういいかな、いやもう少しかなと待ちに待った収穫がやって来ました。9月18日です。目視で、スーパーで売られているオクラと同じぐらいの大きさまで成長したと判断した私は、はさみで初オクラを収穫しました。

　オクラの葉っぱや茎に、水滴のようなブツブツができるのですが、これは病気ではなくて、オクラによく見られる現象だそうです。そして、切りたてのオクラにもそのゼリー状の水滴のようなものがたくさんできました。

　スーパーで売られているものには見られない、新鮮さの証拠ですね。

　なにせ産地から我が家の台所まで1分もかからない新鮮超特急便ですから、ははは。

　当時使っていた携帯電話と背比べしてみました。約10cmです。

　早く味わいたいが、食べるのがもったいない、しばし手に取ってあらゆる角度から眺めて鑑賞すること30分。その後、やっとオクラを刻んでみました。

　1本しかありませんが、まず、そのまま口に入れて、みずみずしい（ネバネバ感半端ない！）オクラを食し、次に醤油を少し垂らして味わう。最後はかつお節をまぶしていただきました。

　三度も楽しませていただきました。
　ごちそうさまです。

9月18日
初収穫

待ちに待った、初収穫！

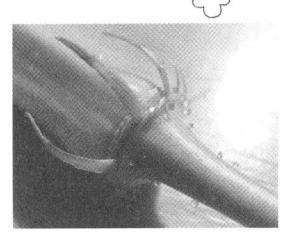

超産地直送！

水滴のようなものがたくさん。新鮮な証拠。

携帯電話と大きさ比べ。長さは約10cm。

早く食べようよ

唯一のデメリット
市販のオクラが食べられない！

　この日を境に、約50株（途中で何株かが原因不明の理由で逝ってしまった）のオクラから毎日のように2〜3本を収穫。収穫期間はかなり長く（私のなかでは）、約1ヶ月間収穫できました。ペットボトルの狭い底部でなければ、もうすこし収穫期が長くできたかもしれませんね。でも、これでも私は大満足です。じゅうぶんワクワクドキドキ楽しませていただきました。

　唯一のデメリットは、自分の栽培したオクラを食べてから、市販のオクラが食べられなくなったことです (-_-;)。

　ペットボトルを用いた水耕栽培は、水切りバットより最初の準備（ペットボトルの収集、切り込みなどによるペットボトルの加工。整形など）に手間がかかりましたし、インターネットで検索して先人たちの知恵を借りながら、いっぱい試行錯誤していますが、これでもまだペットボトル栽培完成型とはいえず、まだまだ改善の余地があるように思えます。

　それでもちゃんと収穫ができたというので、喜びはひとしおです。

　また、よい方法を模索しつつ、来年もオクラを作りたいと思います！

自分で育てたオクラを食べると
市販のオクラは、もう食べられない……

recipe

蒜味秋葵豆腐 (ガーリック風味オクラ豆腐)
(スゥアンウェイチョウクェイドウ)

材料
絹ごし豆腐……1丁
オクラ……100g
にんにく……好みで
ねぎ……少々
鷹の爪……少々

調味料
ごま油……小さじ1
醤油……大さじ2
砂糖……小さじ1/2

作り方

1. オクラは、軽くゆでで小口に刻んでおきます。にんにく、ねぎをみじん切りにします。鷹の爪は、好みの量を刻んでおきます。辛味が苦手な人は入れなくてもOK。

2. 豆腐以外の材料と調味料を入れて混ぜ合わせ、軽く水切りした絹ごし豆腐の上にのせるだけで完成。涼しげで夏にもってこいの一品です。

【一口メモ】

ちなみに、にんにくが大好きな台湾人 (私だけか!?) はにんにくを4かけも使います。臭いなんてだれも気にしません。みんなでにんにくを食べると臭いも怖くないというか……。日本では、仕事のない時にしましょうね。

台湾では醤油の代わりに、醤油膏といって、甘口とろみ醤油をよく使います。甘辛くてたまらないおいしさです。

醤油膏
ソースのようなとろみがある。

Pea&Common Bean

豆三兄弟
つるなしいんげん
さやエンドウ
つるなしスナップ

豆類はコスパが高い！?

　どこで読んだかはっきりしませんし、前後の内容も忘れましたが、「栽培するなら豆類はコストパフォーマンスが高いぞ!!」という一言だけが妙に脳裏に刻まれています。というわけで、当然、豆類の種も見つけ次第、手当たり次第入手して試してみました。

　今回はそんな豆三兄弟、つるなしいんげん（以下いんげんと略しますね）、さやエンドウ、つるなしスナップ（以下スナップと略しますね）の栽培ストーリーです。

　ベランダ栽培ですから、スペース的にも高さにも制限があるわけで、いずれもつるなしのものにしました。スペース的に余裕がある方はつるありのほうを選んでもらってかまいません。栽培方法はそんなに違わないです。調べてみたら、つるなしのほうが、つるありと比べて成長が速い分、収穫期間が短いということです。

　さっそくほかの種と一緒に入手してみまし

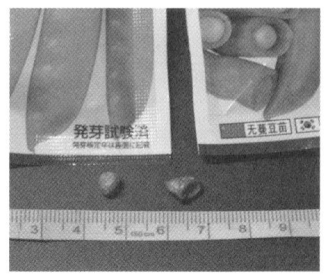

左はさやエンドウで右はスナップです。

この印刷はモノクロですが…
種の色にびっくり！

毎日採れたて！イーファの水耕栽培

た。最初はまるで『アバター』のような青色の種にびっくりしましたね。反射的にこれは毒？　カビ？　腐った？　という疑いが脳内をかすめました。種を取った指先にもかすかに青い染料みたいなものが付着し、ちょっと気持ち悪かったのですが、殺菌剤や発芽抑制剤を使用していることが分かるように着色されたものだと分かり、安心しました。

　ちなみに、この時入手したいんげんの種の方は、ピンク色でした。

6月13日 種まき　つるなしいんげん

つるなしいんげんの種です。
ピンク色です。

元気もりもり感、いっぱい

　6月13日、いんげんの種まきをしました。
　この時は、スポンジの上に種を置いて、さらに無香のティッシュペーパーで上から覆って湿らせる方法で発芽させました。
　翌日の夜、帰宅してみるとむくむくと膨らんで発芽しているのが分かりました。さすが豆類、適温だと成長も速い！
　7月2日、お茶パックに植え替え。
　レタスよりも断然成長のスピードが速い。茎も太くて元気もりもり感が伝わってきます。これは期待大ですね。
　ところで、この時は、バーミキュライトだけでは保湿性が足りないと考え、＊ピートモスを上層部に薄くまぶしてみました。
　ところが、後にこれが失敗だと気づきました。まず匂いがカビ臭い（コケなのでしょうがないですが）、そのためかピートモスを使ってない、つまりバーミキュライトのみのものより

6月14日 発芽　発芽の早さにびっくり！

つるなしいんげんの発芽の様子です。

7月2日 植え替え　いんげん　レタス

お茶パックに植え替えた後の様子。

豆三兄弟

＊ピートモス＝ミズゴケなどが堆積し、腐植したものを乾燥、粉砕したもの。土壌改良などに用いる。

113

虫（特に小バエ）がつきやすかったように思います（単なる気のせい？）。しかも保湿性がよすぎたせいか、根腐れが起きやすいんです。また入れ方が悪かったせいか、お茶パックのまわりが汚れます。

　そんなわけで、ピートモスは、ワンシーズン使ってやめました。そのほうが、コスト削減にもなりますしね。

　豆類は移植を嫌うので、直まきしたほうがいいという情報にしたがって、ペットボトルに移植しないでお茶パックのまま、ジャンボすのこバットで栽培を続けました。これは、後になってよかったという結果に。

**10月22日
元気に成長**

おおむね元気に成長。

Point
直まきがベスト！

一気に育って、一気に収穫、一気に撤収

　10月22日の様子。葉っぱは若干虫食いの痕がありますが、おおむね元気に育ってくれている感じです。つるなしいんげんという名の通り、つるが広がることなく、ジャンボすのこバットで収まっています。

　一気に育って、一気に収穫が終わりました。

　この時の収穫量は1束ぐらいで、ちょうど1食分くらいの量でした。

　ペットボトルで栽培しているオクラと比べても、やはり水切りバット栽培のほうが断然に楽です。だって、水切りバットに植え替えてから私がやったことというと、液肥水の注ぎ足しと、ワイヤの高さまで成長した際に寒冷紗を外したことだけですもん。

**10月28日
収穫**

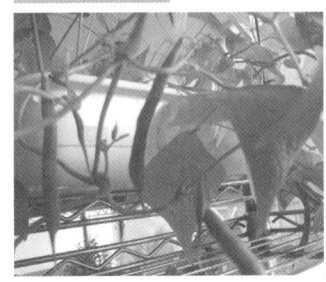

水切りバットで育てたら、とても楽でした。一気に収穫。

豆三兄弟

収穫後は、一気に枯れ始めました。そういえば、いんげんは後片付けも楽でしたね。茎を十把ひとからげというわけじゃないですが、束ねて引っこ抜いてゴミ袋にぽいと。ゴミの量も圧倒的に少ない(しかも全部燃えるゴミ!)です。

さらなる楽な方法を目指して
お茶パック直まきにチャレンジ

これで調子に乗った私は、もっと楽に栽培できる方法はないかと考えました。そして、9月、さやエンドウとスナップの栽培を試みました。

今回は、お茶パックに直まきにトライ。

この時私がやった方法を説明しますね。まず、食品トレイに種を入れ、水(液肥水ではなくて水道水)をちょうど種がひたひたになるまで注入し、一晩浸けるというもの。ここがポイントですが、レタスなどの時と違って何日も浸けると、種が腐ってドロドロになり、異臭が漂うこともあるので要注意です。

9月10日、食品トレイに種を適当に置き、水道水を注入します。

一晩水に浸けた豆が、水を吸ってぶくぶくと丸くなったら、その状態でパーライトの入っているお茶パックに移して、水切りバットに置きます。

9月14日、太い根っこが下に下に伸びてきました。

この段階でのポイントは、ジャンボすのこバットの水位。いつもより多めに、パーライトがひたひたになるぐらいまでの水位にします。発

9月10日　種まき準備

さやエンドウ　スナップ

種が腐りやすいので、浸けっぱなしは厳禁!

注意　何日も浸けると、水が腐るので、1晩以上浸けたままにしない。

9月14日　発芽

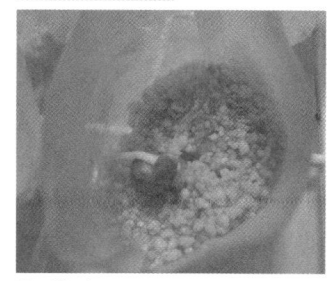

根が伸びる。

Point　発芽までは、パーライトがひたひたになる水位に。根が伸びてきたら、お茶パックの底が浸かるか浸からない程度に。

豆三兄弟

芽して、根っこが下に長く出てくるまでは水道水でも大丈夫です。そして、根っこが下に出てきたら、水位をもう少し低くします。ジャンボすのこバットのネットすのこより気持ち、やや上ぐらいがちょうどいいようです。

また、たまたまなのか分かりませんが、発芽したての豆の上をパーライトで覆ってしまうと、そのまま成長が止まり、豆がドロドロになって腐ってしまうものが多かったですね。

9月15日
失敗!?

種の上をパーライトで覆ったものは、ほぼ全滅してしまいました。右の1本だけなぜか元気に育ってくれたんですが……。

ゆるゆる栽培だな〜

一方パーライトの上に直接種を置いたものの様子です。

9月15日、緑をのぞかせてくれました。

ここで失敗談。実は、エンドウとスナップを同時期に栽培しはじめたのに、例によって、区別できるようにラベル表記をしておかなかったため、どっちがどっちが分からなくなりました。

まあ、大きくなったら分かるからいいか（←よくいえば楽観的、悪く言えば適当すぎ）。

そんな感じでエンドウとスナップはトレイこそ違うものの、見た目からは識別不能な状態ですくすくと育ってくれました。

ぴりぴりしたストレスの多い現代社会では、たまにこういうゆるいいい加減さが必要かも（←完全に言い訳モード）。

9月15日
発芽

注意 ラベルは必ずつけておこう！

どっちかわからないよ

豆は鳥の害に遭いやすい…
我が家のハンター大活躍！?

9月19日　順調に成長

そんないい加減な私を尻目に、豆二兄弟のどちらも順調に成長。9月19日の様子。

今回はちゃんと大きくなった時のことを考えて、1つの水切りバットに約10株だけ栽培することにしました。

9月に入れば、初夏の時期に比べて虫害も少なくなるので、寒冷紗をかぶせるのは最初の数日間だけでした。ベランダに立ち寄る小鳥が新芽をついばんでしまうので、虫害を防ぐよりも鳥害対策ですね。もっとも、我が家には敏捷なハンター二匹が常にベランダで目を光らせているから、よっぽどのタマじゃなければ、我が家のベランダには近づいてきませんが。

二匹のハンターの普段の様子です。

ゆるーっ！

でも、この目に睨まれたら、小鳥もビビるに違いない……と思うのですが……。

脱線しました。

ということで、ここまで来たら、後は毎日の液肥水の注ぎ足しぐらいですかね、やることは。

ハンターも暇を持て余しています。

豆二兄弟、すくすく成長。

豆二兄弟を狙う鳥を追い払う俊敏なハンターたち！

ほんとに……？

おっとまた脱線。

いつの間にか開花して、いつの間にか小さな実ができて、気がつくと3cmぐらいの長さまで成長しました。11月9日のことです。
　その後も続々と開花しながら実ができて、一日2〜3本ぐらいの収穫なので、炒め物の主役にはできませんが、お味噌汁に入れたりしておいしくいただけました。

11月9日　収穫

いつの間にか実がなっていた。

イーファさん教えて！水耕栽培 Q&A

Q 夏にホームセンターへ行ったら2～5月がまきどきの種を売っていました。お店で売っているものは大体その時期に種をまいてさしつかえないものだと思うのですが、春まきのものを夏にまいてもかまいませんか？

A さしつかえありませんが、うまく育たないかもしれません。夏は、暑さでうまくいかないことが多いので、初めて育てるのでしたら、夏は避けたほうがよいかもしれません。トマトなどの実ものでなく、葉ものなどでしたら、秋から育ててもうまく育つと思います。

Q 液肥の量り方。1mℓ単位を量れる道具がありません。いい方法を教えてください。

A 「道具の紹介」（19ページ）でも紹介しましたが、少量の液体を量るのにはシリマーが便利です。100円ショップの化粧品などを扱っているコーナーにあります。

Q 液肥水の濃度は厳密に測りますか？　また、成長時期によっては、表記より薄く作ったり濃く作ったりする必要がありますか？

A それほど厳密に考える必要はないと思います。室外だと、天候によって濃度が変わるので、あまり気にしないことです。ただ、濃いめがよいか、薄めがよいかといったら、薄めにした方がよいでしょう。

Q 虫害がこわいので室内栽培したいのですが……。

A 室内の栽培でもできないことはないですが、室内の栽培では光が弱いので、貧弱な野菜になります。また、エアコンの風などが当たらないように注意します。室内で栽培するには、LEDライトで育てるキットなどがあります。

豆苗　番外編

73ページ「豆苗」のその後だよ

美しい花のその後は、虫とのバトルが待っていた……！

4月25日

　1パック99円の豆苗をスーパーで買ってきました。今回の目的は、1回刈り取ったものはどこまで育てることができるか実験してみたくなったからです。
　おいしく食べ終わった根株を、いつもの水耕栽培キットであるジャンボすのこバットのまん中に設置し、液肥水を注入します。

何とか収穫したものの

4月30日

　新しい若芽が出てきました。いつもならば、二度ならぬ三度おいしく、骨の髄までしゃぶり尽くす（←とても人聞きの悪い言い方）やり方で、収穫してしまうところですが、今回は我慢。

爽やかな光景ですね。近距離でのぞいてみます。

伸びたのは新しい若菜だけではなくて、根っこもほぐれながらバットの下に伸びてきましたね。

5月5日

かなりボウボウ状態です。　　　　　根っこものびのびと広がっています。

5月24日

　バットからあふれるほど、豆苗の森状態になりました。
　このぐらい成長してくると、どこかで見た覚えのある葉っぱだと分かりました。調べてみたら、やっぱり。
　豆苗ってエンドウの若芽だったんですね。勉強不足でお恥ずかしゅうござんす。
　あれ？　豆苗って中国野菜じゃなかったっけ？　はい、そうなんです。なので、台湾にはなかったですね。私なんか、初めて豆苗を食べたのは日本の中華料理屋さんででしたもん。1回めですぐ豆苗の炒め物が大好きになり、その後スーパーでも見かけるようになって、よく買うようになりました。

6月15日

ピンクと紫の花発見。

目を凝らしてボウボウのなかをよく見たら、2cmの実もちらほら発見。

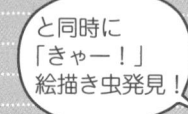

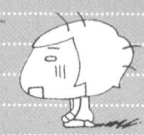

と同時に「きゃー！」絵描き虫発見！

ふん？

こいつら

見事な食いっぷりに唖然。
寒冷紗で虫害をしばらく回避できていたから慢心してました。まさかここまで被害が広がってるなんて。
絵描き虫の存在は知っていましたが、今まではどちらかというとアブラムシ対策に追われていたので、絵描き虫対策をまったく講じていませんでした。調べてみたら、絵描き虫はハモグリバエやハモグリガなどの仲間の幼虫のことです。葉の内部を食べて育ちます。食べ進んだ跡が空洞になるので、白い線に見えるとのことです。
　対策としては、絵描き虫がついた葉を剪定して廃棄し、薄めた竹酢液を散布して駆除することもできるようですが、なかなか厄介で、1回やられたら完全に駆除するのが難しいようです。

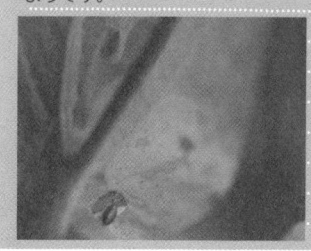

　特に害はないのですが、見栄えが悪くてとても食べる気にはなりません。もうここまでくると、小さいけど、さっさと収穫するのが得策と考え、さやエンドウを収穫することにしました。
　あとはもう虫への餌として放置し、その成れの果てを見てみようじゃないかと半分自虐的に。

豆苗　番外編

6月22日

見るも無残な姿になりました。
絵描き虫のサナギ発見。もうそろそろ羽化するかな。
いつの間にか家庭菜園が、昆虫の成長観察になりかわってますね。

99円の豆苗、期待した以上に楽しませてくれました。今回夏場の栽培実験は、収穫量は少なかったのですが、知的好奇心をじゅうぶん満足させてくれました。謝謝(シェイシェイ)です。
虫の食い残した豆苗の残骸を撤収しながら、秋場のリベンジを静かに心に誓った私でした。

豆苗 番外編

Komatuna

小松菜

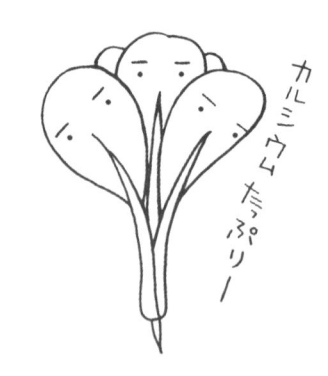

カルシウムたっぷり〜

土栽培ではアブラムシ軍団に、敗北

　通年栽培できる、プランターでも簡単に栽培できる、しかも水耕栽培に適しているという小松菜（すばらしすぎ！）。

　スーパーでも手頃な値段で、根元付きで販売しています。私は種からの栽培しかやったことありませんが、スーパーで購入した小松菜の根をそのまま植えることも可能らしいです。

　いつかはチャレンジしてみたい……（毎度ながら実験心がくすぐられます）。

　実は、最初の小松菜栽培は、土栽培でスタートしました。

　ところが、例によってアブラムシ軍団から攻撃を受け、息も絶え絶え状態であえなく失敗。

小松菜は水耕栽培に絶対おすすめ！
た、だ、し、

Point 初心者は**秋**からね！

水耕栽培でリベンジ！　のはずが…

　そこで、水耕に切り替えて2回めのチャレン

ジ。盛夏の頃でした。

　まだ水耕栽培の方法が今ひとつはっきりとせず、ともかく手当たり次第に目についた種を片っ端から買い集めて、ひと通り栽培を試みていた時期でしたね。

　この時は、防虫ネットが功を奏したのか、アブラムシによる虫害はなかったのですが、記録的な猛暑だったためか、暑さにも強いはずの小松菜はあまり元気がありませんでした。

　双葉ができ、本葉が成長し、やがて葉っぱも大きくなってきましたが、中には茎の根っこに近い部分に黒い斑点ができたり、葉っぱに茶色い枯れた感がでてきたものもありました。それをカットしたりして、きれいな葉っぱの部分だけ食べたりもしましたが、少しもそもそして、なんだか不完全燃焼感たっぷり。簡単に栽培できるはずなのに……。

三度めの正直だ！
でも、10月末からって、育つの？

　さて、そして、三度めの正直。きっかけは野菜栽培仲間の達人からおすそ分けの種をいただいたから。時期は夏も過ぎた10月末のことでした。

　達人：もううち収穫して食べちゃってるものもあるけど、種が余ってるから、いる？
　私：もちろん、喜んで♪（もらえるものならもらっとこうという性格丸出し！）
　聞くと、小松菜の発芽の適温は5〜30℃と、守備範囲が広い。生育の適温は10〜25℃。育

小松菜は、育てやすくて、おいしい。

てやすくておいしい野菜の代表だそうです。

しかも、達人いわく、

「この種は発芽率が高くて楽に育てられるはずよ」だそうです。

これは期待大ですな（ていうか、失敗したら恥ずかしい……）。

冬には、青菜の値段が高くなりますので、うまくいけば我が家の家計も助かるかもと、早速捕らぬなんとかの皮算用。

時期がややずれているのが気になるところではありますが……。

10月24日
種まき

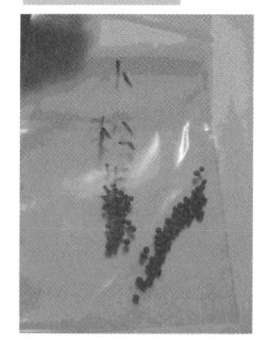

達人からもらった、成功率期待大！の小松菜の種。

品種を選べば途切れることなく収穫できる…らしい

さて、自宅に戻ると早速いつもの手順で種まきです。

【種まき】

食品トレイに小松菜の種を20粒ぐらい入れ、種を覆うぐらいまで水道水を注入。

いつもと同じように、水を入れすぎないように。もちろん乾燥もさせないように注意しましょう。

小松菜にもいろいろ品種があるようで、品種を選べば、一年中の栽培が可能だそうです。また種をまく時期をうまくずらせば、途切れることなく収穫ができるので、初心者にもおすすめの野菜です（なんで2回も失敗したんだろ。私ったら……）。

で、達人から種をいただいた時はマーカーで「小松菜」としか書いていなかったので、

なんで、2回も失敗したんだろう。

詳しい品種までは把握していません。

　いくら一年中栽培可能っていったって、さすがに越冬は無理だろうなと思いながらも、これまで2回も失敗してるから三度めの正直ということで、実験も兼ねてやってみようというものすごくいいかげんな気持ちで、いつものトレイに、いつもの水加減で種をまきました。

　実は達人😊からは、小松菜を含めて4種類の種をいただいたので、全部育ててみようと、2つの仕切りのあるお気に入りのトレイを使用。

　で、実はちょっとした失敗（もはや失敗の大魔王だ……）を。

　それぞれのトレイに種をまいたのはいいけど、どこに何の種をまいたか分かるようにラベルを貼っておかなかったんです。同じトレイに小松菜と水菜の種をまいたんですが、どっちがどっちなのか分からなくなったのです……。

　まいた時は、左のトレイに小松菜、右のトレイに水菜、とはっきりと覚えたつもりだったのに、何日か後に発芽した時、「そういえば、右のトレイは小松菜だっけ？　水菜だっけ？」と早くも混乱（それとも、ただのボケかしら？）、とほほ。

　まあ、そのうち分かるだろうとすぐ開き直りましたけど。

　ところが、双葉段階では小松菜も水菜もそっくりなのです（それとも、実はレタスだったのかしら？　混乱中）。これじゃ、どっちがどっちかわからない……。

　あっちゃ〜〜。

　しかも、お茶パックに植え替えるタイミングが遅れて、すっかり徒長気味……。

　でも、そんなの大丈夫。

　お茶パックに植え替える時、パーライトに埋めることで、茎の長さを調整すればいいのです。

　思えば、最初は徒長というだけでパニックだったな（遠い目……）。

10月27日
発芽

どっちが小松菜なのか、芽だけじゃわからない……。

再び
⚠注意
ラベルは必ずつけておこう！

どっちかわからないよ

小松菜

【植え替え】
晩秋からの栽培って、楽ちんかも

さて、いつもの植え替え作業。

お茶パック、パーライト、スプーンと水切りバット、楽々の手なれた作業です。

時期はもうすっかり初冬の11月3日。もう虫もつかないだろうと防虫ネットの装着は無し。

結局どっちがどっちなのか分からないまま一緒に植えました。

コンパニオンプランツってやつさ（←こじつけだってば）。

植え替えてから、私がやる作業はといえば、液肥の注ぎ足しだけです。

それも気候がだんだん寒くなったせいか、水分の蒸発するスピードが夏場よりも遅い（あたりまえだけど）。しかも、まだ苗が幼く、吸水力が成株より少ないので、水位はお茶パックの底面より上0.5mmぐらいを維持しつつ、2日に1回程度。楽ちんです。

ようやく、区別がついた

11月18日、ジャンボすのこバットに移して約2週間。順調に成長中。

これぐらい成長してくれれば、なんとなく小松菜と水菜の判別ができますね。丸っこい葉っぱが小松菜で、ぎざぎざの葉っぱは水菜です。

その約1ヶ月後の12月13日。朝日を浴びるベランダの野菜たち。気持ちよさそうに背伸

11月3日 植え替え

根っこがお茶パックを貫通してどんどん成長。

病害虫の抑制にならないから、違うって！

用語解説●●●
コンパニオンプランツ
一緒に植えることで、病害虫の発生を抑制したり、成長を促進させる作用のある植物どうしのこと。

11月18日 根っこも成長

すくすく成長中の小松菜くん（だと思うが）と水菜くん。

毎日採れたて！イーファの水耕栽培

びしていますね。

12月14日、翌日ですが、かわいらしいので眺めているだけで気持ちが軽やかになります。

いつになったら食べられるかしらと考えつつ（←結局食べることしか考えないんじゃんか！）。

12月17日、10月末に種をまいてから約1ヶ月半、収穫できるまで成長してくれた小松菜くん！

しかも、まったく手間がかからない。以前、夏場でさんざん苦労した時のことを思えば、もう天国みたいな気持ちです。

（秋の栽培、最高ですな。）

スーパー産直でシャキシャキ

年を越して新春の1月3日の小松菜くんたちの様子です。三が日の初詣に出かける前にちょっと水やり。最近めっきり寒くなってきたので、成長スピードもやや遅れ気味ですが、至って元気そのもの。

それにしても、いつもながら、達人の種って、ス・テ・キ！　よく育ってくれる。

見よ、このスーパー産直、無農薬、いきのよさ。

おいしそうでしょ！

反り返ってる生命力の強さ。

採れたてで、シャキシャキ感最高！

小松菜を生食するとこういう風味だったの

12月13日 成長中

朝日を浴びて、気持ちよさそう。

1月3日 真冬もスクスク

成長スピードは遅くなったが、元気そのもの。

1月16日 初収穫

スーパー産直　無農薬　いきがいい！

スーパー産直でいきがいい。

小松菜

129

ね、と自家栽培でなければ味わうことのできないやさしい甘さを噛みしめます。

　私が好きな食べ方は、カレーうどんに小松菜を入れて食べること。カレー汁がたっぷりからまった小松菜のシャキシャキ感と自然の甘み。思わず神様の不思議な力に感謝してしまいます。

　小松菜は、摘心する必要がなく、ちょっと野菜が欲しいなと思う時、まわりの葉っぱから必要な枚数だけ摘んでいただくだけ。

　もちろん、水菜もレタスもからし菜も必要に応じて何種類か採取。冬場は、しばらく緑の野菜を買っていませんよ。

来年は、大量栽培でキムチ作りにチャレンジ

　3月4日、まわりから葉っぱが取られて（すみません）、根元の部分（？）がかなり太くなりました。これ以上大きく育ちすぎると葉っぱがかたくなりおいしくなくなりますから、そろそろ全部収穫してしまおうかなと。

　もう食べられなくなるだろうと思いつつも、実はこの時もまだ葉っぱを少しずついただいていました。

　少しずつかたくなってはいるものの、食べられないというわけでもありません。

　むしろ、韓国出身の友人によれば、これぐらい歯ごたえがあるほうが、小松菜のキムチ作りに最適だそうです。

　もうそれを聞いてしまったからには来年の

3月4日 最後の収穫

根元がかなり太い。

秋、小松菜を大量に栽培しなきゃならないじゃないか。キムチにできるぐらいの量をさ（またなんとかの皮算用）。

3月2日 つぼみを収穫

つぼみもとっても美味！

　ともかく、せっかくなので、最後まで栽培したらどうなるんだろうかと、なんとなく知りたくなりました（いろいろ実験心……）。

　実験その1は、つぼみの収穫。実はこの時、つぼみがいっぱいできたのです。コリアンダーを栽培した時のことを思い出して、もう少し葉っぱを楽しみたいから、つぼみを摘み取ってみました。意を決して3月2日、はさみでパキッと（ごめんよ、小松菜くん）。

　あとで知ったのですが、小松菜の菜の花を野菜として売ってるんですね。

　私はといえば、そんなことも知らないで、つぼみを切り取ってなにかに調理できないものかと思って、大量に摘んだものを炒めものにしたら、もう、あごが落ちるぐらいおいしかったんです。それでインターネット検索で調べたら、春先にちゃんと小松菜の菜の花って名前で売られているんです。小松菜の菜の花、おひたしにしてもよし、あともう一品のお助けの小鉢としてじゅうぶん活躍できます。

　4月8日、小松菜の花が咲き乱れます。

　こうなると、観賞用としてもベランダに映えますね。

　で、カットした残りの部分は、その後はどうなったんだろうって気になりませんか？

つぼみを収穫して、炒めものにしたら、とってもおいしかった。

4月8日 小松菜の花

鮮やかな黄色の花が咲き乱れる。

ジャジャーン！

わき芽が伸びてきた。

収穫された葉のあと
葉のつけ根から伸びるのがわき芽
つぼみを食するために茎をカットしたところ

実はわき芽が伸びてきて、花を咲かせる準備をしているのです。

再び、花が咲きそう。

ここまで来たら、もしかして採種も期待大かも。うふふふ。

それにしても、種まきから発芽の喜び→葉っぱの楽しみ→花の幸せ感→種採取。冬でも発芽温度を確保してやれば、あとはもう果報は寝て待て状態。市販のものでは味わうことのできない毎日のささやかな幸せ（←おまけに家計も大助かり）。

水耕であれば、連作障害の心配も無し。

声を大にしてオススメしたい。小松菜の水耕栽培。

秋場からね。

こまつなにはいろんな幸せいっぱい
種まき→発芽→収穫→花→採種
実は家計も大助かり♪

小松菜

Mustard Greens

からし菜

和からしのはっぱだよ

うん？ 茶色い芽？？

我が家の極狭ベランダでの水耕栽培がいよいよ佳境に入った頃、達人から「いい種だよ」と言って4種類の種をいただきました。

種がチャック付きの袋に入っていて、袋にマジックでそれぞれの野菜名が明記されています。

その中に、からし菜となぐり書きされているものが。あまり私にはなじみがないので、調べたら、からし菜にはいろんな種類があって、ザーサイや高菜や野沢菜のもとにもなっているそうです。へ〜、そうなんだ。

ところが、発芽させてみたら、私がイメージしていた緑色の野菜とは違って、茶色いものでした。種の殻が抜けてないからかしらと思いましたが、葉自体が茶色ですね。それはそれでかわいらしいです。

すのこバットの半分ずつサンチュと栽培して

10月28日 発芽

芽が、イメージしていた緑色でなく、茶色だった。

芽の色にびっくり！
それはそれで、かわいらしい……
（この印刷はモノクロですが…）

11月3日 植え替え

からし菜

みました。彩りもバラエティが出てきれいです。

　本葉が出てきました。葉っぱがギザギザ型ではっきりと分かりますね。

　ところで、ずっと気になっていたことがあります。高菜、ザーサイなどにできるからし菜って茶色でしたっけ？　それとも漬物にしたら、茶色が抜けて緑色に変わるかしら？

　気になるので調べたら、ザーサイや高菜にするのはからし菜の変種らしい。達人 にいただいたものは正確にいうとサラダからし菜という品種らしい。しかも、色も緑と紫、葉っぱも丸型とギザギザ型があり、見た目も水菜に似ていますし、食感も同じですが、ただ、名前の通り、からしの味がするそうです。サラダ用としても適していますし、おひたし、浅漬など、利用方法はいろいろあるようです。ほ〜、どんな味だろうか興味深いですね。

11月6日
本葉

本葉が出ると、はっきりと特徴があらわれます。

11月18日

小さな手のような葉が伸びてきています。

12月7日

すくすく成長し、紅一点ならぬ、紫一点ときれいな彩りです。同じトレイのサンチュよりあきらかに成長が速いです。

12月13日

力強く、葉先までシャキッと！すばらしい！

この印刷はモノクロですが、しつこい……

からし菜

からし菜、悲劇に見舞われる！

　12月14日、悲劇発生！　この日、朝出かけた時、曇りだったのが気がかりでした。午後になると雨足がどんどん強くなり、やばいなと空を見ながら心配になりました。

　夕方自宅に戻ると、案の定、雨でトレイから水があふれ出ています。それだけなら余計な水を捨てればまだなんとかなりますが、やっかいなのはあふれ出ている雨水と一緒に、比重の軽いパーライトが流れ出てしまったことです。バーミキュライトを使ったものは、無事だったのですが。

　幸い、からし菜の根はお茶パックの底を貫いて、しっかりとネットすのこをつかみながらさらにすのこバットの底面に伸びていたため、倒れることはなかったのですが、お茶パックの中からパーライトがあふれ出て、土砂崩れ、がけ崩れ状態。お茶パックの中のからし菜の根っこを目視確認できるほどです。雲行きがあやしい時、いち早く室内に避難させるべきでした。

　果たしてこの状態で、からし菜は育ってくれるかしら。

12月14日　悲劇発生

あふれたパーライト

土砂崩れ状態！

予想外だったけど、満足！

　1ヶ月後の1月16日、そんなハプニングをものともせず、私の心配を尻目に、健気にさらに成長し、年越しをしました。

　むしろ、同じ時期栽培した4種類の野菜（サ

1月16日　年越し

ハプニングをものともせずに、けなげに成長中！

からし菜

ンチュ、小松菜、水菜）のなかでは一番成長が著しいかも。ステキ！

せっかくなので、茎が太くなる前にいただきましょう。

ということで収穫。

元気に反り返っていますね。おいしい予感がします。

生でサラダと、ゆでておひたしにする2種類の食べ方でいただきました。

感想。まず、味から。水菜にほんのりからしの風味を加えた感じです。それから、見た目。ゆでる場合、せっかくのきれいな紫が黒っぽくなるので、見栄えが悪くなります。ゆでるなら、緑のほうがいいかもしれません。

いずれにしても、私がイメージしていたからし菜とは別物と考えたほうがいいかも。ここちよい予想外の結果となりました。

春に向けて、ぐんぐん育つ

3月4日、いよいよ春の予感がする時期。

他の野菜をおさえて、からし菜の成長がダントツ1位でした。

左に枯れた雑草みたいに見えるのは再生した豆苗の成れの果ての姿です。越冬したものの、一向に元気はありません。からし菜とは好対照です。

4月3日、きれいな花を咲かせました。まずアップから。同じアブラナ科の水菜や小松菜の花と瓜二つです。

もう少し遠景で4月11日全体の様

1月16日
収穫

元気いっぱいでおいしそう。

3月4日
成長株

からし菜

豆苗

紫色のからし菜をゆでるのはおすすめできない。

4月3日
開花

4月11日の様子。

毎日採れたて！イーファの水耕栽培

子を。

太い茎から生命力の力強さを感じ取れます。つぼみもいっぱいできました。

4月30日
サヤができる

花が咲き、だいぶ姿も乱れてきた。

サヤがいっぱい！

…アブラムシに負けた

もうこの時期になると、鮮やかな紫色が薄くなり、根元に近いほうはあまり食用には適さなくなったと思われます。でも先端の菜の花の部分は炒めればおいしいかも。

4月30日。紫色が完全に色あせして緑色になり、花が落ちたところからサヤになっていきます。

細いサヤも少しずつ膨らんでいきました。

その後、また予想外の出来事が。もう虫たちも冬眠から目が覚めたからなのか、すっかり虫害のことを忘れかけてたのですが、春がやってきたせいか、ある日気づくと、ものすごい量のアブラムシがサヤのあたりに付着していました。

サヤを最後まで育てて、種を採ろうと考えていたのですが、あまりにも大量のアブラムシ軍団で気分が悪くなり、種を採るのを断念しました。

からし菜

Mizuna

水菜

レタス、小松菜、水菜…
どれもアブラムシでトラウマに

　10月21日、達人にお裾分けしていただいた4種類の種。
　2種類めは水菜です。
　「もうベストなまく時期を過ぎてるけど、よかったらどうぞ」と言われてもらった種。チャック付きの袋にマーカーで種の名前が書いてあります。
　もらった種は、レタス、小松菜、水菜とからし菜。レタスを除けば全部アブラナ科です。
　そして、からし菜を除けば、全部栽培したことのある野菜ですし、土栽培でさんざんアブラムシにやられて、すっかりトラウマになってしまってる私……。
　前回のバグズバトルでは見事に敗戦を喫してしまった。またアブラムシの大軍にやられたらどうしよう。
　それに、スーパーで簡単に買えるので希少性

よかったら、どうぞ

水菜の種をいただきました。

バグズバトルがしんぱい

希少性が高くない

がそれほど高くないというか……(ただで種を もらってるんだから、ぐずぐず言うなよ!)。
　というわけで、小松菜くんと一緒に種まきです。

【種まき】
真夏に種まきは、さすがに無謀だった

　種まきの時期は3～4月、9～10月の2回。発芽温度は15～25℃。真夏を除けば長期間、かつ簡単に栽培を楽しむことができる野菜です。
　今思うと、前回の失敗は、やはり時期を外していたんですね。なんと言っても、真夏に種まきしてましたから……。
　今回も少し時期的に遅れているように思えますが、ぎりぎり10月ということで秋まきにチャレンジしてみようじゃないか。
　10月27日の状態。
　う……ん、徒長気味のうえ、発芽率はいまいちの気がします。しかも、小松菜くんと区別がつかない。ラベルで分かるようにしておかなかったのがいけなかった……。
　もう早速失敗色濃厚⁉

【植え替え】
やっぱり、水菜なんですね

　10月28日、いつもの手順で、発芽した4種類の幼苗を、それぞれお茶パックに植え替えし

10月27日
発芽

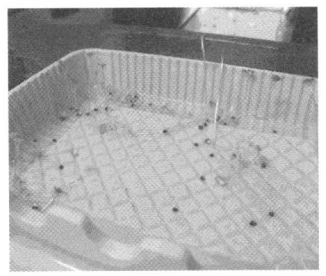

発芽率は、いまいち……。

Point
種まきのポイント
水は入れすぎず、かと言って乾燥させたらアウトなので、ご覧の通り、水はうっすらと種を覆う程度でOKです。

10月28日
植え替え

この時点では、水菜の特徴が分かりにくい。

ます。

今回は、小松菜くん同様、防虫ネットなしの状態でベランダに移動させました。

発芽したての段階では、外見だけではどれがどれなのか、いまいち分からなかったのですが、11月3日頃、切り込みの入った本葉が出てきて、見た目でも水菜の赤ちゃんであることが分かるようになりました。

三つ子の魂百までというか、カエルの子はカエルというのでしょうか。

水菜そのものですね。

成長ぶりを楽しみつつ液肥の水位を保つだけ

11月9日、本葉は2～3枚出てきました。

土栽培だったら、ここでそろそろ追肥のタイミングですが、私の場合は作り置きのハイポニカ水を2日に1回注ぎ足しただけです。

大体、朝起きてから水やり（正確にいうと水足しですが）作業をしています。

予定がある日はさっさと、8トレイの野菜の水やりを1分以内で終わらせます。

予定がない日はのんびり、成長ぶりを楽しみつつ、変な虫がついてないかどうかをチェックするぐらいです。それも長くて5分程度。

夏場栽培の大変さが身にしみているだけに、「秋場まき冬場栽培」のこの楽さに感激！

小松菜といっしょに、元気に成長中。

11月3日
本葉

やっぱり水菜です。

小さくても、水菜そのもの。 本葉

11月9日
本葉2～3枚

作り置きのハイポニカ水を足すだけ。

11月18日
小松菜と

毎日採れたて！イーファの水耕栽培

液肥水を切らさないように気をつけつつ、かつ注入しすぎないように一定の水位に保ってさえいれば、あとはいつでも収穫可なので、ワンダフル。

いよいよ、はさみの出動

11月18日、同じアブラナ科の小松菜くんともども仲良く元気に育っています。

12月13日、太陽を浴びていきいきと背伸びしている水菜（と小松菜……）。

少しずつ冬らしくなってきました。

まだ未体験の冬場栽培。私の未踏領域。ちゃんと越冬できるかな？

年を越して1月16日。ベランダは緑いっぱい。そのなかで水菜くんも元気まっしぐら。

はさみの出動。

初収穫。

見るからに食欲をそそられそうな新鮮さ。

みずみずしい。

水菜というだけあって、水耕栽培にとっても適してるんだなと実感した瞬間です。

12月13日 太陽を浴びて

太陽を浴びていきいきと背伸びしている水菜（と小松菜……）。

1月16日 収穫

年を越しても、水菜は元気。

みずみずしさ際立つ、水菜くん。「水菜」というだけあって、水耕栽培に向いているのかも。

外葉からはさみで少しずつ収穫。

シャキシャキ！

水菜

市販のものにまったく劣らないどころか、ハリハリ鍋にしたところ、う〜ん、も〜う、まさにハリハリ鍋の真骨頂や〜（彦摩呂風に）。

もちろん、サラダにも最適。

30cmぐらいに成長してきたら、根元から切り取っての収穫もいいですし、私はいつもの通り、外葉からはさみで少しずつ収穫。

黄色い花が咲いた！

3月28日、緑色がさらに濃くなり、ほぼ同じ時期に小松菜と同時に花芽ができたのを確認できました。

いつもスーパーで買っている姿や形とかなり違ってきました。

3月30日、アスパラみたいに一本骨太の茎がそびえ立つように高く伸びます。

水菜の花は見たことがないので、どんな花を咲かせるだろうと興味津々。

ここまで来ると、食べたいというよりも実験感覚になってしまいます。もちろん、小松菜同様、菜の花としても食べましたが……はい、食いしん坊です。すみません。炒めものにして、おいしかったです。

本来のシャキシャキ感のほか、花の芽のところはなんともいえない歯ごたえがあって、とってもおいしいのです。

こんな実験ができるのも家庭菜園の醍醐味ですね。

4月3日に初めて開花しました。小さなかわいらしい黄色い花です。

3月28日 花芽

3月30日 トウが立つ

そびえてるな〜

小松菜と、ほぼ同時に花をつける。

当たり前といえば当たり前ですが、さすが同じアブラナ科だけあって、小松菜の花と瓜二つです。

ベランダは菜の花畑

4月11日、草丈が約60cmに到達。すっかりうちのベランダの高さ制限（約20cm）を越えてしまいました。

支柱がないので、風が吹くとハラハラです。
でも根っこがしっかりしているせいか（過密栽培のおかげ？）、しなやかに強風をかわしているようにも見えます。

主要株を残しつつ、まわりからまだ葉っぱの採取を行っています。

見よ。この白くて太くて力強い根元！
ジューシーでシャキシャキ。
咲き乱れる水菜の花。
ベランダは菜の花畑状態。
2012年は4月に入っても寒い日が続いていますが、まだ見ぬ春の予感をくれました。

嵐にも耐えつつ、根っこは大丈夫かしら？という疑問を抱いている方のために、スペシャル大公開（次ページ）。

4月11日 水菜の花

ベランダで咲き乱れる水菜の花。

根も、見るからにしぶとそうな感じです。

　白い髭のような根っこがいっぱい出てきて、下に伸びています。
　強風にも耐え切るぐらいしぶといのですが、風と雨の日はやはりいったん退避させておいたほうがいいでしょう。
　上の写真ではパーライトがちらほら見えていますよね。数日前の嵐の時、撤収するタイミングが少し遅れたため、株が倒れた勢いで中からこぼれてしまったものです。ごめんなさい。
　まだこの原稿を書いている時点では、花が咲いている最盛期ですが、種を採取しようと思います。
　またどこかでご報告をできればと思います。
　水耕栽培を始めるまで、観賞用はお花、野菜は食べるためという思い込みがどこかにありましたが、野菜も観賞用に転じることがあるのですね。
　胃袋のみならぬ、目もじゅうぶん楽しませていただきました。
　ごちそうさまでした。

毎日採れたて！ イーファの水耕栽培

イーファさん教えて！ 水耕栽培 Q&A

Q 液肥は「ハイポニカ」でなければだめでしょうか。近くのホームセンターで取り扱っていないのですが。

A 私は、ハイポニカのみ使っています。これは、他の液肥に比べて、水耕栽培に適したものになっているようです。通信販売などでも購入できますよ。バジルやコリアンダーは、お茶パックから根が出てから他の液肥で育てた人もいます。また、私もサンチュを水道水だけで育てる実験をしましたが、けっこう育ちましたよ。

Q 水耕栽培で冬に育てられる野菜はありますか？

A 東京近郊でしたら、次の野菜なら育てることができるでしょう。
小松菜、水菜、レタス、サンチュ、豆苗

Q カラス、スズメなどの鳥害が心配です。何かよい対策はありますか？

A ねこちゃんを飼いましょう！　というワケにはいかない方は、苗が小さいうちは、寒冷紗やネットを張るなどして対策をします。大きく育てば、心配ありません。

Q 水耕栽培に向く野菜、向かない野菜を教えてください。

A 根もの野菜は、水耕栽培では難しいように思います。もちろん、できないわけではありません。また、セリ科の野菜や結球する野菜は難しいように思います。

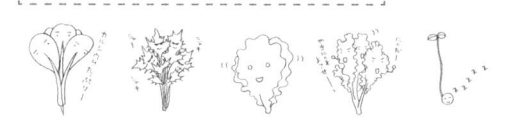

Pak choi

山東菜

はくさいのしんせきだよー

台湾人にとって
ラーメンの青野菜のダントツ１位

　みなさん、ラーメンを作る時にどんな野菜を入れますか？　私が勝手に持ったイメージですが、日本人は、キャベツやチンゲンサイ、そしてもやしをよく入れる気がします。台湾人がラーメンに入れる青い野菜のダントツ１位は山東菜です。台湾の名物ラーメン牛肉麺には欠かせない存在です。

　母も自宅でタン麺を作る時、かならず庭先から山東菜をひとつまみ取ってきて、仕上げに入れていました。それから、水餃子をゆでた餃子湯に山東菜、卵、ねぎを入れ、最後に塩とごま油で味を調えれば、さっぱりした白菜蛋花湯（バイツァイダンホアタン）（山東菜卵とじスープ）のできあがりです。餃子を食べる時に欠かせない一品です。

　ちなみに、台湾では山東菜のことは小白菜（シャウバイツァイ）といいます。結球しない白菜として日常生活のなかで大変親しまれている食材です。それから、

台湾の故宮博物館に所蔵されている最も有名な彫刻として、翠玉白菜があります。この白菜も小白菜こと山東菜のことです。

日本のスーパーでは見かけない！
じゃ、自分で育てるしかない！

　話が栽培から離れました。日本に来た当初、スーパーでなかなか小白菜をみかけないことに戸惑いを感じました。台湾にいた頃みたいに、気軽に小白菜を食べられたらどんなに幸せだろうと香菜の時と同じ発想で、栽培したいモチベーション高↑の野菜です。

　そして、種をゲット！

　残念ながら、100円ショップにはなかったので（それだけ日本ではなじみが薄いってことかしら？）、ちょっと高めの種を入手。

　7月7日、無事に本葉が出てきました。

　まだこの時期、栽培方法を模索している時だったので、室内の窓際組と室外組とに分かれていました。室内組にも、支柱代わりにしたプラスチックコップの使用あり組と、なし組がありました。

　7月12日の室内組の様子と、7月13日の室外組防虫ネット有の様子。同じ日に種をまきましたが、あきらかに室外組のほうが成長が速いですね（次ページ写真参照）。

　この時、防虫ネットにどんなものを使ったらいいかまだ試行錯誤中でした。寒冷紗にたどり着くまで、換気扇のレンジフードフィルターを使っていました。しかし、屋外に長時間置くの

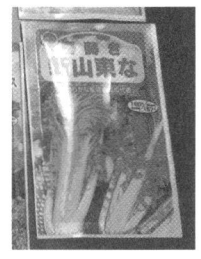

山東菜の種をゲット！
ちょっと高かった……

7月7日
本葉が出た

支柱代わりに、プラスチックコップを使用。

7月12日　室内組

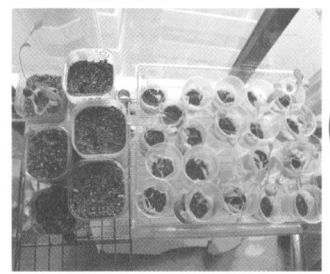

室外組に比べて、あきらかに成長が遅い。

7月13日　室外組

すくすく成長。しかし、虫よけに使っていた100円ショップのレンジフードフィルターは、よれよれ。

ずいぶんと成長に差があるね～

に適してないことが分かりました。何度も開け閉めしているうちにぐちゃぐちゃになってしまい破れやすいのです。

　室外組の写真でもお分かりかと思いますが、縁の部分がめくれていて、きちんと閉じることができません。

　7月24日、レンジフードフィルターをセロハンテープでつなぎあわせています。大きさが合わないための苦肉の策です。

　寒冷紗と比べても素材がやわらかいので、びしっとなりません。

　それでも、おかげさまで虫侵入防止の機能を果たしてくれていましたが。

　7月28日、レンジフードフィルターを開けた時の様子。

　小松菜も混ざっていますが、元気いっぱいに育ってくれています。

　一方、8月2日の室内窓際組の様子。あまり元気がありません。屋外に移動決意（ちょっと決意するのが遅かったぐらいかも）。

7月24日　虫よけ

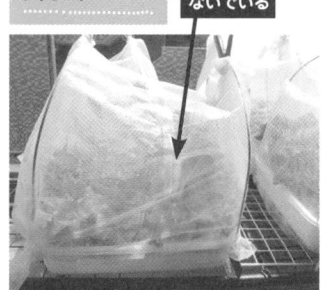

テープでつないでいる

よれよれになりながらも、虫の侵入を阻止しているレンジフードフィルター。

7月28日　元気に成長

山東菜

これは、小松菜

山東菜

148

いよいよ、収穫

　8月4日、屋外組を収穫してみました。

　夏場に母がよく作ってくれてた拌麺(バンミェン)の味を再現してみました。

　乾麺をゆでながら、タレを用意します。

　タレは、醤油とごま油だけですが、醤油の代わりに、つゆを代用してもOK。そのほうが和風のテイストに仕上がります。薬味に刻みねぎを入れます。

　お好みで、鷹の爪や、おろしにんにくを入れてもおいしいです。

　ゆで上がった麺の水気をよく切って、タレに入れてよくかき混ぜます。

　麺のゆで汁で野菜をさっと湯通ししておき、トッピングとして入れればできあがります。

　乾麺の代わりにそうめんを使ってもおいしいです。

　これは台湾の我が家で夏場によく食べていた拌麺のベーシック型です。

　変化形として、ごまだれや肉味噌を入れてもおいしいよ。もちろん、実家栽培の山東菜はやわらかくておいしかったです。

8月2日 室内組
元気がない室内組。屋外への移動を決意。

8月4日 屋外組収穫
屋外組の山東菜を初収穫。

9月4日 室内組
成長はしたものの、あまりおいしそうに見えない。

室内栽培は「失敗作」と認定

　一方、屋外へ移動した室内窓際組のその後、9月4日の様子はといえば……。

　成長してはいますが、葉っぱは見るからにあまりみずみずしくなく、おいしそうに見えませ

ん。案の定、繊維化してしまい、おいしくありませんでした。

我が家では窓際での栽培は厳しいようです。

失敗作といさぎよく認定。

でも、屋外での栽培は、大漁とまではいかなくても一応成長しているので、次回、プラスチックコップなしでの栽培をチャレンジしてみたいと思います(単なる手間を減らしたいだけともいえますが……)。

きらり〜ん★

recipe

青菜蛋花湯(山東菜の卵とじスープ)
チンツァイダンホワタン

材料
山東菜……3〜4株
卵(M)……2個

調味料
塩……適量
白胡椒……適量
ごま油……適量
水……適量(約800CC)

作り方
1. 山東菜は、洗ってザク切りします。卵は溶いておきます。
2. 鍋に水を入れて沸騰させます。水が沸いたら、中火にして山東菜を入れます。続けて溶き卵を回しながら入れていきます。
3. 卵が浮いてきたら、塩と白胡椒を入れて味を調えます。火を止めて、好みでごま油を少々垂らします。

【一口メモ】
　この青菜蛋花湯は日頃飲むシンプル野菜スープの代表格です。シンプルで飽きのこない味です。ちなみに、青菜(チンツァイ)は野菜、蛋(ダン)花(ホワ)は溶き卵、湯(タン)はスープという意味です。というわけで、最初日本に来て銭湯の男湯と女湯を見た時、「男スープ? 女スープ?」と、大変驚いたのを覚えています。
　お豆腐があれば、さいの目切りにして入れたり、にんじんをスライスして入れたりしてもおいしいですよ。
　ごま油を入れなくても大丈夫ですが、少し垂らすとたちまちおいしい中華スープへ変身しますので、おすすめです。
　白胡椒もなければ入れなくても大丈夫です。

毎日採れたて！イーファの水耕栽培

藻とのバトル

気にせず、気楽に収穫を楽しむ
野菜たちは、藻にめげずにいきいき育つし……　のがイーファ流

　私が今やっている水耕栽培方法では液肥の遮光対策をまったく講じていません。液肥も根っこも、もろ直射日光を受けているため、あっという間にアオモがついてしまいます。普通の水でさえ藻やコケがついてしまうのに、ハイポニカなどの液肥ですと、アオモの発生も繁殖もすさまじいです。そりゃ植物向けの栄養分がたっぷり入っていますからねぇ。

　アオモの問題は、たぶん水耕栽培をやっている方全員が頭を悩まされている問題だと思われます。

　アオモを根本的に抑制するためには、その発生を抑制するのが一番。そのためには、遮光措置をとらなければなりません。そのため、世の中に出回っている高価な水耕栽培装置は、遮光対策に力を入れているようです。しかし、手軽に水耕栽培を楽しみたい程度なら、高い装置を購入するのはためらわれます。一番よく講じられる手軽な方法として、アルミホイルを細工して遮光することがあります。私も当初は遮光対策に躍起となり、ペットボトルの胴体を一心不乱にアルミホイルで包んだり、苗の太さに合わせてアルミホイルを切り抜いたりして、本当、いろいろ試してみました。アルミホイルや固定するためのテープも大量に消費しましたねぇ。その結果、アオモの発生を遅らせたり、発生する量を減らしたりすることには成功しましたが、新たな問題も同時に発生。例えば、たまった液肥にボウフラが大量発生したり、たまった液肥からむっとした悪臭が発生したり、液肥が劣化したりという問題です。そのつど、劣化した液肥を捨てたり、容器をきれいに洗ったりして問題解決をはかりましたが、イタチごっこ。それに、一条の光すら入ることがないようにびしっとアルミホイルで包装しただけに、はがす時も一苦労。で、もう一度包装するのがかなり億劫になりました。栽培する楽しみを味わいたいだけなのに、どうしてこんな目に遭わなければならないの。だったらスーパーから買ってきたほうが絶対楽だよと何度も弱音を吐きながら、アルミホイルで包装する作業をやったのを覚えています。

　包装が面倒なだけではなく、撤収する時、使ったアルミホイルやテープがごみとなるのもいやでした。

　で、そのうち、大自然の摂理に抗うことなんて私にはできないということを悟りました（ただの開き直りともいいます）。それからは、自然光のなかに液肥と根っこをさらけ出したままの栽培法になりました。

　もちろん、気候や環境によって、アオモが気持ちが悪くなるほど大量発生（これも人によって許容範囲が違いますが）した時は、いったん古い液肥を捨てて、ジャンボすのこバットとネットをゴシゴシ洗います。ただ、根が成長してくると、ネットに絡んでしまうことも多いので、ネットが洗えないこともあったり。その辺はあまり強迫観念にとらわれないで、ほどほどにします。無理やりネットをはがそうとして、野菜の根っこを傷つけたりでもしたら元も子もない訳ですから。

　とはいっても、今までゴシゴシ洗ったのは、夏場の2回ぐらいです。それも、全部洗ったわけではなく、特にひどいと思ったものに関してだけです。

　そんなアオモの大量繁殖にもめげずに、いきいきと成長してくれるため、まあ、多少栄養分をアオモに取られてもしょうがないだろうと思うようになり、あまり気にしなくなりました。というか、気にして水耕栽培が苦痛に思えてくるより、ほどほどで気楽に収穫を楽しんだほうがいいだろうと思ったんです。比較対象がないので、よく分かりませんが、個人的には、うまく収穫できたと思えたので、それだけで大満足です。

　そんなこんなで、あまりにもひどい時にだけ、容器を洗ったり液肥を取り替えたりする対策をするぐらいのぐうたらな私です。はい、すみません。

Green Lettuce

サンチュ

(イラスト内の文字: にくだー / やきにくに よっせー)

「ほっといても勝手に育ってくれる」サンチュって私にぴったりかも

2011年10月に野菜栽培仲間、いやスーパーアドバイザーの達人😊からいただいた4種類の種ブラザーズ（シスターズかもしれないけど）。その3、サンチュの巻です。

「うちで焼肉を食べる時に欠かせない」とは、育ち盛りの2人の息子が焼肉大好きで、よく自宅焼肉をする達人😊の言。でも、肉ばかり食べると栄養のバランスがよくないので、かならずサンチュをつけあわせとして、肉をはさんで食べさせているそう。

「このサンチュの種で私は失敗知らずだわ」という達人😊の心強いお墨付き（プレッシャー？）のついた種をいただき大感激。

しかもよく話を聞くと秋栽培の場合、虫害の心配もなく、「ほとんど手間がかからない」「ほっといても勝手に育ってくれる」というのですから、土作りが苦手、虫が苦手、手入れが苦手

（吹き出し）種をいただいたエピソードは125ページ参照

（吹き出し）この種では失敗知らず。

失敗知らずという「達人のサンチュの種」。むしろプレッシャーかも。

（←それはただのずぼら）の私にぴったりだわと直感！

猛暑で、サンチュ・クライシス

　実は、それまでも行きつけの100円ショップで、2袋105円のサンチュの種を購入して栽培したことがありました。この時は、育ったことは育ちましたし、アブラムシの魔手からも逃れたものの、どうも息絶え絶え気味でちょっと弱っちい感じ。その時は、「ふ〜ん、こんなもんかな」と思っただけで、早速私の胃袋に消えていきました。

　当時の発芽方法は、スポンジの上に種をまいて、さらにティッシュを覆いかぶせて発芽させる方法でした。

　ただ、今から思うと失敗だったなと思うのは、種まきの時期を間違えたこと（毎度のことです。思い立ったらすぐに何でも試してみたくなるせっかちな私の性格のせいです）。パッケージには種まきの時期は3〜7月までとあり、私が種をまいたのは6月の下旬でした。

　え？　種まきの時期、間違えてないじゃん。

　ところが、その年は、記録的な猛暑日が続いたため、朝9時頃出かける時に、あと一歩で窒息しそうな精一杯の水位までぎりぎり液肥水を入れておいても、午後3時頃に帰宅すると、水切りバットの底部がはっきり見えるぐらい液肥水が蒸発してしまうんです。

　帰宅するたび、サンチュは枯れる寸前というショッキングかつパニック的なクライシスに何

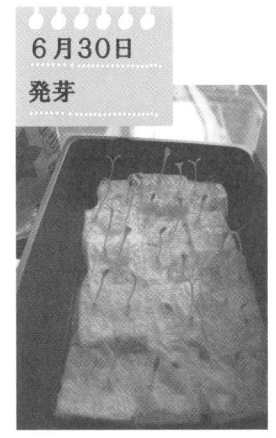

初めてのサンチュ栽培は、6月下旬にスポンジで種まき。

栽培時期は、あってたのに……

種まきの時期は間違っていなかったけど、猛暑に勝てず……。

帰宅するたび、サンチュは枯れる寸前。

度も直面する羽目になりました。

　その年の夏は、かわいい野菜たちのために、仕事後の友人からのお誘いを全部断り、自宅に直帰。それでも時々仕事の都合で帰りが遅くなる（午後4時台）と、野菜たちはみんなしんなり。防虫ネットの大活躍によって、虫害は免れたものの、直射日光ガンガンテリテリ攻撃に耐えられなかった野菜たちが続出。

　そりゃ、人間様だって、あんな直射日光をガンガン浴びてたら日射病になるもんね。もう少し日陰に移動させてあげればよかったかもと、今振り返ってそう思います。ごめんよ。みんな。

病気で見るも無残な姿に

　そんな猛暑の夏場は、冬場に比べて成長の速いこと。6月下旬に種まきして、7月28日、約1ヶ月弱ですくすく成長してくれました。

　今振り返って見るとまだまだ成長途中の、いわば若葉で、もう少し食べるのを待ってあげるべきでした。けど当時の私は食べられるくらいの大きさに育ってくれたことがうれしくて（なにせ初めて無傷でここまで大きく育ったから）、もうちょっとが待ちきれずに、外側からちぎって食べていたのでした。食いしんぼでごめんなさい。

　ところが、その後、猛暑にやられて、みんななんらかの病気にかかり、実はこの写真が最後の元気な姿になってしまったんです。

　虫害も困りますが、病気も恐ろしいことを思い知らされました。

　恐ろしすぎてとてもシャッターを切ることができなかったので、病気にかかったサンチュの写真はありません……。

7月30日 収穫

サンチュの元気な姿。

冬がもうすぐだけど栽培できるかな？

　そんなところに、無敵な種を達人からいただいたわけですから、これは再チャレンジのいいきっかけ。ところが、懸念事項が1つありました。

　インターネット情報によりますと、サンチュの種まきのタイミングは、雪さえなければ一年中可能。春の中頃や初秋が望ましい。発芽の適温は15〜20℃。発芽率は非常によくて育ちやすい。収穫までは約2ヶ月などと。

　そして、サンチュの特徴早見表というものも見つかって、それによると、サンチュの難易度は「超簡単」という位置付け。初心者にとって作りやすい野菜の一つだということが、じゅうぶんうかがえます。それじゃ何が懸念事項なの？

　それは、すでに初秋は過ぎているってこと。発芽させても、果たして越冬させることができるかという懸念です。インターネット情報からは、自信は持てないものの、かろうじて「可」なのだろうと判断。

> こうなればまくしかないね！
> 何事もチャレンジチャレンジ！

　というわけで、種まき。今回はいつもの私のトレイ直まき法です。種まきから約1週間後の10月28日、季節はもうすっかり冬の入口まで来ていますが、室内が暖かいせいか、順調に発芽し日々成長しています（むしろ写真では少し

サンチュ情報

発芽適温：15〜20℃
発芽率はよい
種まきは一年中可能
収穫までは約2ヶ月
栽培は「超簡単」

> 初秋を過ぎてるけど、育つかな？

10月28日 植え替え

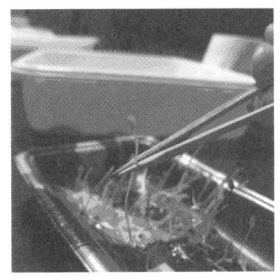

1週間前に種まきして、順調に成長。

徒長気味かも）。

　早速他の野菜の赤ちゃんたちと一緒に植え替えの準備に取り掛かります。

　この頃、茶パックの折り方を工夫することによって、スポンジに植えなくても、お茶パックの両隅の三角を交差させながら、幼苗を支えられることに気づきました。しかも、幼苗がお茶パックのまん中に来ることができて、気分がすっきり（まん中に来なくてもちゃんと育ちます。念のため）。

　その後、スプーンでパーライトまたはバーミキュライトを、お茶パックの6〜7分めの高さまで入れます。

　植え終わったお茶パックを水切りバットに並べます。そして、あらかじめ用意してある液肥水を注入。この時、まだ根っこがお茶パックの底面を貫いてないので、お茶パックを支えるネットよりも上0.5〜1cmぐらいまで、水位を少し高めに注入しておきます。

　パーライトも液肥水を吸って、湿っていくのが分かります。

　そして、室外に移動。

　11月3日、本葉が出てきました。

　そして、11月6日、元気にスクスク！

お茶パックの隅
苗が立つ

お茶パックの隅をうまく使うことで、苗が自立。

すのこバットに並べ、液肥水を注入する。

注意
水位はすのこバットよりやや高めに。

11月3日
本葉

11月6日
成長中

帰宅呪縛から解放される！

　水切りバットへ植え替えしてから私がやったことはと言えば、液肥水の注ぎ足しぐらい。

　また、この時期、蒸発による液肥水の減少がゆるやかなため、液肥水の注ぎ足しも2日に1回か3日に1回。しかも、防虫ネットを使わなくても虫の心配がまったくナシ！　もう最高に快適。こんな調子だと、週末を利用してどこかへ一泊旅行してきても、かわいい野菜を枯らす心配はありません。

　やっと、夏場のように、午後3時までに帰宅、という呪縛から解放されました！

　単独栽培のものも、からし菜と一緒に栽培しているものも、みんな元気です。

　12月14日、種をまいてから1ヶ月半、成長のスピードは夏場と比べてやや遅いのですが、あまり気にしません。むしろ本当にこれで越冬できるかどうか、私のなかでは前人未踏の経験ですので、果たしてどうなるかのほうがよっぽど気になるのです。

　やさしい初冬の太陽光を浴びて、のびのびと葉っぱの枚数を増やしつつ、成長まっしぐらのサンチュくん。

　日本では春から初夏にかけて、木々が芽吹いて鮮やかな緑色になることを新緑というのですが、これも私の目には冬の新緑と映ったのでした（←日本語の意味を取り違えてすみません）。

　12月17日、虫食いひとつなく、ここまで成長してきたのは初体験かも。

11月18日　本葉が出そろう

本葉が出てきて大きく成長。小さいながらも、左はからし菜で右がサンチュと分かります。

12月14日　成長は遅め

12月17日　寒さの中

虫なし、成長まっしぐら！
カンゲキ〜

サンチュ

初収穫のサンチュは
大好物のサムギョプサルで堪能

　年が変わって1月3日。すっかり鍋が恋しい季節になりましたが、サンチュを含め他の3種の野菜たちもスクスク成長。

　市販のものと比べて、まだひと回り小さい気がしますが、子供の手ほど大きくなったので、そろそろ大きめのものからかき取って収穫したいと思います。

　1月16日、収穫できたのは4枚しかなかったのですが、豚のばら肉とキムチで、大好きなサムギョプサルを堪能。

　もちろん、葉っぱを洗って水気を切ってから、豚バラ、キムチと味噌をのせていただきます。本場韓国流の食べ方ですと、熱々のご飯も一口分入れて、その他、お好みで長ねぎ、コチュジャン、にんにくなどをものっけて包んで食べます。栄養のバランスもよくて、私はこの食べ方が大好きです。

　台湾ではこのような食べ方はしないので、最初、韓国人の友人にこの食べ方を教わってびっくり（だって、日本に来るまで、野菜は全部火を通してから食べるものだと思ってたから）したものの、すぐなじんで、以後、焼肉を食べる時にサンチュは欠かせなくなりました。

　クセがなくて、焼肉と本当に相性がいいんですね。自分で栽培したサンチュで焼肉なんて、おいしさもひとしお。

　達人に感謝です。

1月3日 そろそろ収穫？

子どもの手のひらの大きさに成長。

1月16日 収穫

収穫できたのは4枚のみ。

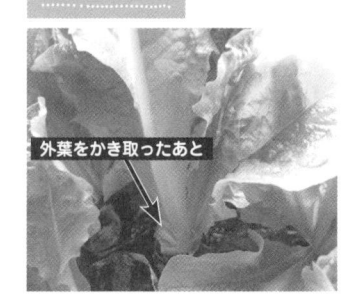

貴重な4枚

3月28日 外葉から収穫

外葉をかき取ったあと

収穫は、外側の葉（外葉）からかき取り、中心の新しい葉を残す。外葉からかき取っている証拠写真。

1枚1枚の葉に感謝、太陽や水にも感謝！

　初収穫をきっかけに、毎日食べられる葉っぱを虎視眈々と狙っている私。意地汚くてすみません。食べたい意欲は私のインセンティブにつながるんです。もうそろそろ食べられるかなと思うとその日は焼肉、というパターンがすっかり定着してしまいました（体型維持の観点からはそれもよしあしですが）。まあ、サンチュの成長スピードがゆるやかで助かりました（速かったら、毎日焼肉になっちゃいかねないから……）。

　もちろん焼肉以外にも、サンチュサラダにしたり熱々のうどんのなかに入れたり、いろんな食べ方が楽しめます。

　サンチュにしてみれば、きっと虫より私のほうが怖いかも……。とそんなことを考えてみたりしてますが、サンチュへの感謝の念に堪えません。

> 自分で栽培してからは1枚1枚の葉っぱに感謝。そして、太陽や水にも感謝。食べ物をいっそう大事にするようになりました。

3月30日 成長、加速

毎日収穫を狙われているサンチュたち。

4月8日 盆栽化？

「てんこ盛り」状態のサンチュ。もうどこからでもかき取って食べられる状態。

> 頑張って食べてるけど、見た目に変化ないな〜

4月10日 変化なし？

随分食べたつもりですが、見た目は2日前の収穫前と全然変わりません。

3月30日、季節は初春。気温が少しずつ上昇するにつれ、成長スピードはゆるやかカーブからぐんぐん右肩上がりモードへ。

サンチュの花を咲かせる

5月6日、気温がさらに高まり、初夏を予感させます。幾度も強風や暴雨を耐え切ってここまで立派に成長しました。市販のものにまったく見劣りしません。しかも、無農薬なので安心。

歯ざわりがよくて焼肉の友。

肉ばかりじゃ、という方はフライパンで油なしでさっと炒めて、仕上げにオイスターソースをかけて食べると、さっぱりしておいしいです（これは香港の友人から教わった食べ方。なんと香港ではごく普通の家庭料理だそう）。

昨年の10月末に種まきをして約5ヶ月間、じゅうぶん楽しませていただきました。トウが立つ前にここで一旦お疲れ様と、撤収しようと思いましたが、そこで達人からのお言葉が、

達人：せっかくだから、最後まで育ててみたら。

私：最後って？

達人：花が咲くまで

サンチュって、花が咲くイメージではなかったのですが、咲きますよって言われたら、そりゃ咲くよね。

ということで、1ジャンボすのこバットだけ残して、その行く末を見守ったのが、次の「番外編」です。

5月6日
立派に成長

過酷な状況を乗り越えて、立派な株に成長したサンチュ。

花が咲くまで育ててみたら？

サンチュ　番外編

> サンチュの
> その後だよ

7月3日

　食べられるだけ食べ尽くしたサンチュ。もうそろそろ葉もかたくなり、食べられなくなるので、どうしようかなと思ってたところ、忙しさにかまけてそのままほったらかしにしていました。
　ふっと気づいたら、なんかそれまで低空で頑張っていた姿と違って、我が家のベランダの20cmの高さ制限を軽々超えているサンチュの姿。
　こりゃ60cmあるわな。

　　　しかも、よく見ると立派な
　　　つぼみらしきものが！

　力いっぱいの姿からあふれる生命力を感じました。
　ここまでくると最後まで育ててみたい気になってきました。
　前人未踏ってわけではありませんが、私にとっては未知の領域。首尾よく種まで採取できるかな。
　実はこの少し前から、撤収を考えていたため、ろくに手入れもせず放置状態。二度ほどの強風と三度ほどの暴風雨の洗礼を受けて、株も倒れかけていました。
　というのも、株が倒れてしまったら、根っこも傷ついて株がだめになることを、今まで幾度も経験してよく知っているからです。
　なのに、今回のサンチュの生命力は素晴らしい！
　ほら、この根っこを見よ！

　左のお茶パックに注目してください。
　盛り上がってるというか、完全に宙に浮いていますよね。人体浮揚ならぬ、サンチュ浮揚ぐすな。水面からお茶パック1.5個分空中に浮いています。そして、浮いている部分の根っこは、完全に空気中にさらされているにもかかわらず、なお力強く下の方へ下の方へと伸びていっています。よく見ると、別のお茶パックを貫通しているようにも見えます。

生命力に感動！

サンチュ　番外編

161

7月10日

　前回の暴風雨から約1週間経過した時の様子です。
　この状態でどこまでいけるか、不安な気持ちも残りつつ、水やりを続けることに。
　実は、この1週間ほど前から、もう1つ実験を始めてみました。たまたま、いつも使っている液肥が切れてしまい、インターネットで注文したのにすぐに届かなかったんです。そのため、液肥ではなく真水、つまり水道水のみの水やりでどこまで育つか試してみることにしたんです。まあ、実験というか行き当たりばったりというか……。
　数日後、やっとハイポニカが届きましたが、株はとくに弱った感じもしていません（比較対象もないので完全に勝手な思い込み）。このまま水道水のみのサンチュ栽培をしたらどうなるでしょう。題して、水道水でサンチュをどこまで育てることができるか、実験開始。
　お姉さんは、だめもとの捨て鉢でパイオニア精神が旺盛ですから（ほめてるのかけなしてるのか、どっちだろう）。
　これまでにもすでに1週間ほど水道水のみの栽培（もはや栽培とはいえなくもないが）を続けているわけで、7月10日のつぼみの様子はこんな感じ。

　　　　　元気そう。
　　　　　渦巻いている様子は、もはや私達が日頃から食べ慣れているサンチュの姿からかけ離れていて面影もありませんが、つぼみのかんむり姿が素敵ですね。
　　　　　上から見るとこんな感じ。
　　　　　なんかここまでくると食べるための栽培というより、観察するための行動になり変わっていますね。

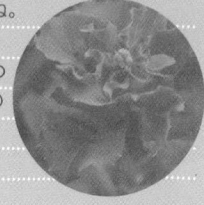

7月13日

初開花が観察されました。
かわいらしい黄色い、小さなお花。直径1.5cmぐらいでしょうか。なんか菊の花に似ているような気もしますが。調べたら、やはりキク科の植物だそうですね。

7月14日

8分咲きの様子。
観賞用としてもステキです。
しかし、この時の根元の部分の様子はというと、すっかり太い茎という無残な姿に。色合いや形とかはむごいですが、しっかりと子孫を残そうと頑張る姿に高い評価を（というかそのむごい無残な姿にしてしまった張本人がこの私ですが）。

7月22日

花がほぼ散り、白い綿のようなものができました。

サンチュ 番外編

Lettuce

レタス

女人心海底針

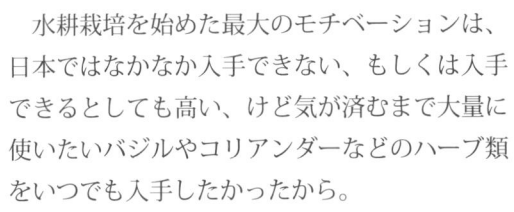

　水耕栽培を始めた最大のモチベーションは、日本ではなかなか入手できない、もしくは入手できるとしても高い、けど気が済むまで大量に使いたいバジルやコリアンダーなどのハーブ類をいつでも入手したかったから。

　そのため、いつでも気軽に、季節に関係なくスーパーで買えるレタス類は、自分で栽培しても特にコストパフォーマンスが高いわけでもないから、作りたいという気持ちは正直あまり強くありませんでした。

　ところが、恥ずかしながら、100円ショップで「2袋105円（税込）」という文字が目に入った瞬間、せっかくだから（なにがせっかくなのだか）やってみようかなという気持ちになりました。台湾の諺に「女人心海底針」があります。つまり、女の心は海の中の針の如く見つからない、日本的にいうと「女心は秋の空」ですね。まさに、私のレタス栽培に対する気持ち。

おっと、また日本語の使い方が適切ではないようですね。まあ、でもそういうことで、はい。

2種類のレタスの違いは
よくわからないけれど…

　100円ショップで種を入手したレタス2種類は、レタスグレートレークとガーデンレタスミックス。
　種の部分を拡大してみます。
　レタスグレートレークの種（上）
　ガーデンレタスミックス（下）
　ええと、形やサイズは似ていて、色の濃淡が違うところかな。うん、よく分かりませんが、いつものとおり、ひとまず栽培してみちゃえ！
　この時期の発芽方法は、まだ、スポンジの上に種を置いて、さらにその上をトイレットペーパーで覆って発芽させる方法でした。
　6月27日、100円ショップで手当たり次第に購入したその他大勢の種と一緒に、栽培実験スタートです。
　今振り返ると、カラフルコーンやら、キャベツやら、アスパラガス、そして、人参など、我が家の極狭ベランダで栽培しようと思うほうが無謀としか思えないのですが、当時の私はやる気満々、実験精神旺盛でした（単に、後先考えてないだけとも言う）。
　結果は、レタスと枝豆以外は見事に撃沈。その失敗談は別の章で。
　話をレタスに戻します。

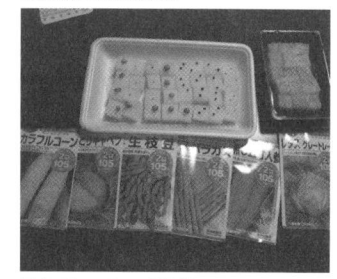

最初はスポンジ栽培からスタート。

レタスの種まき時期は品種によって違いますが、おおよそ、春まきは3〜4月で、秋まきは8〜10月。種まきする際に、種袋裏面の説明事項を必ず確認してくださいね。いずれにしても調べたところによると、レタスの発芽適温は15〜20℃で、20℃以上になると発芽しにくいそうです。

ところが、私が100円ショップで種を見つけた時はすでに6月の下旬。適齢期ではなくて、種まきの時期をすぎていました。これもいつものことですが(^_^;)。

「種選び」の章でも書きましたが、2週間後、たぶん7月の中旬頃、またいい種がないかなと思って100円ショップの園芸コーナーに行ったら、種コーナーが撤収されていました。バレンタイングッズやクリスマスグッズやお正月グッズと同じように、種だって季節感のある商品なんですね。

寒冷紗を突き通す勢いで成長

発芽率ほぼ100％。

そのあとはお茶パックに植え替えて、ジャンボすのこバットに移し、寒冷紗で虫害対策をしました。

8月2日、ガーデンレタスは、寒冷紗を突き通すぐらいの勢いで成長しました。

寒冷紗をはずして別の角度から。

寒冷紗のおかげで、アブラムシを含めたいろんな害虫に食われることなく順調に成長。

ジャンボすのこバットからあふれています。

6月30日 発芽

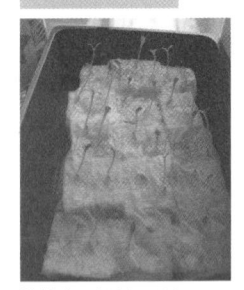

発芽率はほぼ100％。

8月2日 ガーデン

寒冷紗を突き破る勢いで成長。

ガーデン

上と同じ日に、寒冷紗を外して、別角度から撮影。

収穫の喜びを実感している瞬間でもあります。

一方、レタスグレートレークの9月4日の様子、というか、切り取ってお皿に置いている姿です。

ちなみに、1人で2日間食べられる量はありました。

結球レタスも結球しない…かも

ジャンボすのこバットでの栽培方法ですと、実際、市販のレタスのように結球させることは難しいらしいです。少なくとも私は未だに成功していません。他の野菜と同じように、外側から葉っぱを必要な分を切り取っておいしくいただいていました。

私とすれば虫害に悩むことなく、無事に野菜を収穫できれば満足。あまり姿や形を気にしませんから。簡単に言えば、食べられればよいということですね、はい。

8月6日の我が家ベランダの様子。その他大勢約30種類（失敗したものも含めて。100円ショップで入手しうるほぼ全種類の種とおすそ分けしてもらったものを合わせて）以上の野菜が、我が家のベランダいっぱいに、ジャンボすのこバットの中ですくすく成長。

それもそのはず。

この時期、ベランダ以外のスペースでも、水耕栽培野菜専用の3段から5段までのスチールラックが、日の当たる場所を占拠していたんです。ベランダでは洗濯も干せないし、室内では通行が困難なぐらい。ラックが6台ぐらい存在

8月2日 収穫
ガーデン
たっぷり収穫！

9月4日 収穫
グレート
この日の収穫完了。わくわく。

8月6日 ベランダの様子
約30種類の野菜たちがひしめき合う。

完全な自給自足を目指していたので、あらゆる場所を野菜が占領。

していましたからね。もうその時期、完全に野菜の自給自足を目指し、全力でやっていました。と同時に水やりに追われて、野菜の奴隷にもなっていました。本末転倒のような気がしなくもないが……。

　ある日の朝の収穫分です。

　種類が多いと、いろんな野菜のバリエーションができて、飽きがこないです。
　自給自足の産地直送新鮮超特急ライフを満喫中の一コマです。

Point
種類が多いと、いろいろ楽しめて飽きがこない。

**自給自足の
産地直送新鮮超特急ライフ**

レタス

recipe

生菜蠔油（レタスのオイスターソースかけ）
<small>センツァイハウヨウ</small>

材料
レタス……400g
にんにく……2 かけ

調味料
塩……適量
砂糖……小さじ 1/4
オイスターソース……大さじ 3
水……大さじ 2
ごま油……大さじ 1

作り方
1. レタスは洗って水気をよく切り、一口大にちぎる。にんにくはみじん切り。
2. ごま油以外の調味料を合わせておきます。
3. 鍋に水を張って沸騰させ、レタスをさっと湯通しします。
4. にんにく、2のソース、ごま油の順番でレタスにかけて、味が全体に行きわたるようかき混ぜればできあがり。

【一口メモ】
　にんにくなしで、湯通ししたレタスにオイスターソースをかけるだけでもじゅうぶんおいしいです。香港ではよくこういう食べ方をするようです。生でしか食べたことのないレタスを湯通しするのに最初は違和感がありましたが、オイスターソースとの相性が最高でおいしいですよ。
　私は、レタスのかわりにサンチュを使ってよく食べていました。生よりも摂取する量が全然多いです。ついついぺろりと食べ過ぎてしまいます。

Scallion

葉ねぎ

葉が広がらないから、狭くても大丈夫だよね。

とんでもない、思い込みだ……

ねぎの存在は、あたりまえすぎて…

　小さい頃、私の実家の庭先にねぎや唐辛子の薬味野菜と山東菜などが適当に植えてありました。ご飯を作る時になると、母から「ねぎを2本取ってきて」とか「唐辛子を5個ぐらい摘んできて」とよく言われていました。庭先の野菜は、我が家族の食べまきの成果、つまり食べ残した種を適当にまいたら成長していたものです。山東菜以外にもいろんな種類の野菜が、その時々に適当に生えてきて、我が家の食卓のご馳走に貢献していました。

　また、台湾では市場に行って野菜を買えば、ねぎはおまけとしてついてくるものなので、私はお金を出して買うことはなかったです。まあ、私の実家は田舎にあるというのも関係あるかもしれませんが……。

　というわけで、慢心していました、はい。

　6月14日、ねぎ2種類の種をまきました。まずは、葉ねぎ（万能葉ねぎ）。次は、長ねぎ（一

6月14日 種まき

万能葉ねぎの種。

長ねぎの種。

本太葱）。

　この時はスポンジを使って栽培していました。1つのスポンジキューブに種2つをまきました。そうした理由は、ねぎは葉野菜と違って横に広がらないので、狭いところでもたくさん植えられるだろうという思い込み（というか無謀ともいう）。とにかく、密集ねぎ栽培を試してみました。

　成長してきたら、成長の遅い方を間引きする方もいるみたいですが、私は間引きが苦手で、その時はうまくできませんでした。というか、間引きするつもりはなかったですよね。

ねぎが熱中症でダウン

　6月27日、ねぎちゃんの様子。
　明らかに他の葉野菜と違って、1枚の葉っぱしかないヒトハみたいですね。ニョキニョキ、ニョロニョロという感じです。
　まだ種が先端に残っていますが、この様子に、ここまでは一応順調に成長しているだろうと、慢心した私。
　6月30日、私の部屋の窓際の、日の当たるところに置いてみました。私の部屋は西向きで、夏は西日がすごくて、猛暑日なんか部屋の中はサウナ状態、床は体感的には岩盤浴にも匹敵するほどの熱さ。ずっと部屋のなかにいると、日射病になりそうです。
　「そんな、野菜だって日射病になるわよ」と達人から的確なつっこみ、ではなくてご指摘をいただきました。

6月27日 植え替え後 ニョキニョキ、ニョロニョロ

明らかに、他の野菜たちとは姿が違う。

6月30日 部屋へ移動

西日が当たる部屋だが、果たして……。

確かにそうですよね。大きくなる前に、連日うだるような猛暑で、ゆだってしまいそうですよね。

その後、屋内窓際組は元気を取り戻すことなく、なよなよしいまま、さらに成長することなく枯れてしまいました。とほほほ。

一方、屋外ベランダ組7月4日の様子はこちら。

外ですからと、虫害を心配していた私は、寒冷紗でねぎの赤ちゃんを囲んでいました。

寒冷紗越しなので少し見づらいのですが、こう、なんというか、芽が重機のアームのような独特の形になっています。葉の成長方向は予想外のところに伸びていて、ほかの葉野菜では見たことのない抽象派です。

一番左がずっと寒冷紗の中で育っているものです。まん中は寒冷紗なしバージョンで、シソと一緒に栽培したもの。葉っぱの自由奔放な様子は、まるで『リング』の貞子状態です。そのうち、下の根っこのスペースが、全部シソの根っこに占拠され、呼吸困難状態に陥ったためか、葉っぱの先端から枯れてきて、ますます貞子パワーが増幅したように思えます。

まあ、普段食べられれば姿形なんてあまり気にしない私でも、さすがにこの時は食指が動きませんでした。

7月4日 屋外組

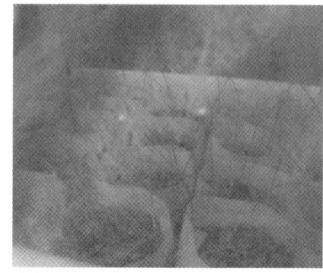

抽象派の野菜……。

ずっと寒冷紗 | シソと育つ

シソと育っている葉ねぎは、自由奔放。

うん？ ねぎの味がしない？？

葉ねぎは一応順調に成長していましたが、失敗・反省点もありました。支柱のことを考えませんでした。育ち方が悪いためか、あっちこっちと四方八方に倒れて、シャキッとしません。そのため、葉と葉が交差しているところは、腐りやすかったです。また、原因がよく分かりませんが、収穫して食してみても、なぜかあまりねぎの味がしませんでした。なんて言っ

たらいいでしょうか。まだインスタントラーメンの薬味のドライねぎのほうがねぎの味がしたというか……涙。

葉ねぎはまだ形として目で見て確認することができましたが、一本太葱に至っては、太くなる前に夭折……涙涙。

種から栽培するのって難しいかな。

庭先ねぎライフを満喫するには、しばらくは、「豆苗をリサイクルして三度おいしかった」方法、ええと、つまりスーパーで根っこ付きねぎを買ってきて、根元の部分を切り落とし（3 cm ほど）、水を入れた容器に挿して再生していく方法でいくしかないかしら。むむむ、まだまだ実験する余地がたくさん残っているねぎの栽培でした。

recipe

葱油餅（ツォンヨービン）(台湾風ねぎ入りおやき)

材料

生地
- 薄力粉……150g
- 熱湯……70cc
- 水……20cc
- 塩……小さじ 1/2

ねぎ……4〜5本
サラダ油……適宜

調味料
- 塩……少々
- 打ち粉……適宜

作り方

1. 生地を作ります。ボールに薄力粉、塩、熱湯の順番で入れて、はしなどでかき混ぜます。おからのようになったら、水を回しながら入れてさらにこねます。一つにまとまったら、ラップなどをかけて30分ぐらい寝かせます。
2. ねぎをみじん切りにします。
3. 生地を2等分し、麺棒で25×15cm程度に延ばします。伸ばした生地の表面にサラダ油を塗り、ねぎ、塩をまんべんなくまぶします。
4. 手前から巻きずしを巻く時と同じ要領で生地を巻いていきます。細いひも状になった生地を、シナモンロールを作るように渦状に巻きます。巻き終わりは、指で閉じて生地に密着させてください。
5. 麺棒で直径約20〜23cmの円形に延ばします。ねぎが生地から出やすくなっていますが、多少出てきても気にしないでください。
6. 熱したフライパンに油を入れ、中火で片面ずつ、きつね色になるまで回しながら焼いていきます。

【一口メモ】

カリカリが好きな方は油を多めにして揚げるように焼きます。放射状に切り分けていただきましょう。

サラダ油のかわりに、ラードやショートニングを使うこともできます。葱油餅がパイのようになって、より香ばしい風味になります。健康を気にしている方は、ぜひ一度試してみてください。ココナッツオイルをラードがわりに使用する人もいます。日本ではちょっと入手しにくいですが。

Water Spinach

空芯菜

台湾では身近な夏野菜、水耕栽培と相性がよい

　二十数年前の台湾では、空芯菜は典型的な夏野菜。夏場には、ほとんど毎日のように、母が空芯菜の炒め物や、涼拌(リャンバン)(あえもの)を作ってくれていた記憶があります。近年は農業技術の向上によって、一年中、空芯菜をいただくことができます。実は、空芯菜は水耕ととても相性のよい野菜です。台湾の中部あたりの水質のよいところで栽培した空芯菜はやわらかくておいしいことで有名。また、病虫害がほとんどないので、無農薬で安心な空芯菜が提供され、大変身近な野菜として親しまれています。

　日本でも、最近はスーパーで空芯菜を扱ってるところが増えてきて、家庭でも手軽に楽しめるようになりました。

挿し木には失敗したけれど野菜仲間の種で大豊作！

　スーパーから買ってきた空芯菜の根元に葉を2～3枚残して土に挿しておけば、簡単に根っこが出て増やせるよと、毎度野菜栽培の師匠として登場の達人から聞いた私は早速実践。

空芯菜を土に挿しておけば増やせるときいて、実践してみたが、あえなく敗北。

毎日採れたて！
イーファの
水耕栽培

　まだ水耕栽培を始める前のことです。夢の空芯菜、日本での栽培に成功した（新しい葉っぱが出ただけなのに）と喜ぶのもつかの間。収穫する間もなく、あっという間に先端から黄色くなり、次第に枯れてしまいました。

　翌年、同じ台湾出身の黄さんから空芯菜の種をいただきました。

　余談ですが、水耕栽培を始めて、いつでも産地超特急の新鮮なお野菜を楽しめるだけではなくて、知らず知らず家庭栽培の仲間が増え、友達の輪が広がることは予想外に嬉しいことです。

> これが一番の楽しみかも

　仲間がいるってステキなことですね。

　黄さんから空芯菜の種を25個いただきました。いつものやり方で、水を張った食品トレイに種を入れて発芽させました。その後、お茶パックに植え替えて、ジャンボすのこバットに並べます。それからは液肥水を欠かさずやってたら、いつの間にか空芯菜が大豊作。

初収穫はシンプル塩炒め

　虫害が少ないとはいっても万全を期したいので、寒冷紗をかぶせての栽培。あまりにも順調に成長したため（やはり水耕とすこぶる相性がいいのね。超実感できたわ）、写真に収めることすら忘れた私。気がつくと、もう高さ制限の20cmまで背が伸びてきたので、9月17日に摘心も兼ねて第1回めの収穫。

　にんにくを弱火で炒め、香りが立ってきたら空芯菜を入れて炒める。仕上げに塩で味を調え

9月17日 初収穫

摘心も兼ねて収穫。

空芯菜

175

えれば、シンプルで飽きのこないおいしさのできあがり。変化球として、唐辛子やナンプラーを入れれば、パックブン・ファイデン（空芯菜の炒め物）というタイ料理に変身。

インテリアとしても楽しめちゃう

　あとで分かったのですが、日本では中国野菜というカテゴリに属し、エンツァイやエンサイという名前で種が売られているようです。高温多湿の環境を好むため、葉物野菜が不足しがちな夏場においては重宝されます。また病害虫が少なく、育てやすいので、初心者におすすめ。

　食用のためではありませんが（私にしては、めずらしい!?）、ワイングラスに水を張って、根元の部分の空芯菜を入れて発根させると、たちまちおしゃれでかわいらしいミニ鉢植えに早変わり。

　夏場だったからかな、水道水でも簡単に発芽できました。

　食用にもよし、観賞用にもよし。空芯菜最高ですね。

ワイングラスに挿しておくと、インテリアにもなる??

注意
水はこまめに替えよう。

recipe

小魚空心菜羹 (しらすと空芯菜のとろみスープ)
シャウユィコンシンツァイゲン

材料
空芯菜……300g
しらす……40g
にんにく……2カケ
サラダ油……適量
水……600cc
クコの実……適量

調味料
塩……小さじ1
砂糖……小さじ1
白胡椒……適量
ごま油……適量
片栗粉……大さじ1

作り方

1. 空芯菜は、洗って水気を取り、適当な長さにカット。さっと湯通しし、水で粗熱を取ります。水と片栗粉を2：1の比率で混ぜて、水溶き片栗粉を作っておきます。
2. 熱した鍋にサラダ油をひいて、みじん切りにしたにんにく、しらすの順番で入れて、香りが立つまで炒めます。
3. 鍋に600ccの水を入れて沸騰させ、空芯菜、塩、砂糖、白胡椒を入れて味を調えます。
4. 仕上げに水溶き片栗粉を回しながら入れた後、ごま油で香りを引き立てます。器に盛り、クコの実を浮かべます。

【一口メモ】

　水溶き片栗粉を鍋に投入する前に、再度よくかき混ぜるのがポイントです。その後、さいばしに伝わらせながら少しずつ入れていきます。
　あらかじめ油でしらすを炒めるのは、スープのコクを出したいからです。さっぱりしたスープのほうがいいという方は、しらすを炒めるステップを省略し、しらすを空芯菜と一緒に沸騰した鍋の中に入れて煮立たせるといいでしょう。その後の手順は同じです。
　しらすの代わりに、煮干しなどの小魚を使うことも可能です。日本人は煮干しを出汁取り用に使って捨てているようですが、台湾人にしてみればそれがもったいなくて、食べてしまうことが多いです。
　とろみが苦手という方は、水溶き片栗粉を入れるところを省略してください。

Celery

セロリ

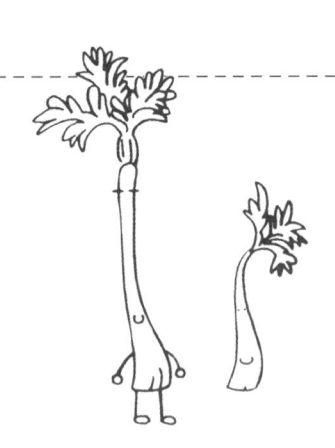

あきらめた頃に、やっと発芽

　水耕栽培を始めるまでは、苗を購入して土で栽培していました。それはそれで楽しいこともありましたが、苗って高いですよね。たくさんは買えません。失敗したら悔しいし。種だったら、数打ちゃ当たるってわけではありませんが、発芽させた複数の苗の内で、何株か残ってくれればラッキーという運任せの栽培も可能です。ところが、複数の種をまいて発芽はしたものの、全滅したものもありました。

　ここではそんな私の栽培失敗記録を紹介します。この時期の私は、水耕にかなりはまってしまって、種を見つけると、後先考えず、とりあえず発芽させてみたくなるクセがついてしまっていたようです。100円ショップにはない、私にしては高めの種ですが、パッケージの「丈夫で作りやすい栄養野菜」という文字にひかれ、セロリの種を購入。過去に同じセリ科のフェンネル、パセリと三つ葉を苗から土栽培したことがあり、その時は、アブラムシの大軍にやられて、成功した事例とは言いがたいのですが、大きく成長はしてくれたんで、特段に難しいという印象もなく、種からのセロリの栽培も簡単にできちゃうだろうと軽く考えていました。

　6月15日に他の種と一緒にスポンジにまいておきました。ところが、同じ時間にまいた種はみんな順調に発芽したのにも関わらず、セロリの種は一向に発芽の気配を見せません。レタスや豆類なんか翌日に発芽すると

いうのに。

　気になって調べてみたら、セロリの発芽適温は 15 〜 20℃で、25℃以上は発芽率が低下し、30℃以上ではほとんど発芽しないそうです。また、発芽までに 10 日程度かかるとのこと。

　実際、もうあきらめかけたところにやっと芽が出てきたという感じで、発芽までに 2 週間ほどかかりましたね。

　いつも思うのですが、なかなか発芽してくれない時ってかなり不安になります。もうだめかな、いいえ、もう少し様子を見ようかなっていろんな考えが頭を巡ります。加えてセロリの種が細かいので、芽が出てるのに、私が見落としてるのではと余計心細い。そして、ついに発芽。種が小さいから芽も細いですね。そして、夏の熱さには弱いそうです。冷涼な場所を好み、乾燥を嫌うため、夏の暑い日差しを避けたほうがいいとのことです。

発芽してからもほとんど成長せず…

　残念なことに、記録的な猛暑に見舞われたせいか、発芽してから、元気がありません。日陰のところに移してももはや手遅れ。高さ 3 〜 4 cm（ほとんど成長してない……(-_-;)）のところで、あえなくさようなら。普段なにげなく食べているセロリですが、種からの栽培がこんなにも難しいなんて知りませんでした。きっと私は、どこかで手順ややり方を間違えたのではないかと思います。いきなり種からというよりも、苗からチャレンジしてみてもよいかもしれませんね。

　後日談ですが、ホームセンターにミニセロリの「ミニホワイト」という品種がありました。種まきから 75 日ほどで収穫可能で、初心者でも栽培しやすいそうです。インターネット上でも栽培成功の事例を見かけます。ぜひ、いつかまた種からチャレンジしてみたいと思います。

　ちなみに、最初種のパッケージを見た時に、素朴に疑問に思ったことですが、セロリとセルリーって同じものを意味するのでしょうか。

　答えは同じだそうです。英語名のセルリー（celery）が一般的ですが、市場流通名としてセロリと呼ばれているだけのことですって。

Tomato

ミニトマト

リコピン　リコピン

トマトへの想いは、ある日突然、舞い降りた

家庭菜園で一番人気のミニトマト。

実は私は水耕栽培を始めるにあたって、このような野菜を中心に栽培しようって決めていました。

- コストパフォーマンスが高くて、成長が速いもの＝豆類
- 普通のスーパーではなかなかお目にかかれない中国野菜類＝空心菜、山東菜
- あればうれしい薬味野菜＝ねぎ、とうがらし
- あると料理のバリエーションも広がり、鑑賞用としても楽しい＝ハーブ類
- みんながあまりやらないけど、やってみたら面白いかも、と思うもの＝とうもろこし、人参、アスパラガス

そんな考えで水耕栽培を始めたせいか、皆さんの人気ランキング第1位のミニトマト、なぜか私の栽培リストのなかでは後回しだったんで

イーファの決め事

水耕栽培で育てるならこれ！

豆類
コスパが高い！
成長が速い！

空心菜、山東菜
日本のスーパーではあまり置いていない。

ねぎ、とうがらし
身近にあるとうれしい。

ハーブ類
鑑賞用にもなる。

とうもろこし、人参、アスパラガス
育てたら面白そう。

いずれも大失敗だったのですが……泣

す（なぜかじゃない。私がへそ曲がりの天邪鬼だから……）。

でも、いろいろ失敗しながら、3シーズンも水耕栽培をひと通り経験すれば、気持ちも落ち着いてきます……というより、栽培したことのないものにチャレンジしてみたいという好奇心がメラメラと湧いてきたのです。

「そういえば、あれはまだやったことないな、やってみようか。いや、絶対やったら面白いぞ」と思ったのが、結局一番人気のミニトマトでした。そうなると今度は私の to do list の最優先順位に。

そんな想いは、ある日の食事の時に突然舞い降りてきました。

新品種のミニトマト。セールで安売りしていたので、買ってきて食べてみたら大変甘くておいしい。「こんなの自分で作れないかしら？」

そういえば、いつぞやテレビで見たぞ、「食べまき」ってやつ。おいしいと思った野菜の種を取っておいて、まいて育てるんだそうです。これは面白そうじゃないですか♪

というわけで、早速実践です。

さっそく、イーファ流「食べまき」にチャレンジ！

種の採取は、おいしいと思うミニトマトを全部食べちゃわないで、我慢することがスタート。種についているゼリー状の部分は、種の発芽の邪魔をするそうなので、果肉は、茶こしなどに入れて水洗いし、種からゼリー状の部分を取り除きます。このとき、茶こしではなく、お茶パックを利用すると便利。スプーンで取り出した果肉をそのままお茶パックに入れて水洗いして、洗濯ばさみで閉じて日陰のところで干せば、数日後、簡単に種だけ取れます。採取した種は保存状態がよければ 2～3 年程度は保存できますが、年々発芽率が悪くなりますので、早めにまきましょう。

イーファの「食べまき」種の採取方法

(1) スプーンでミニトマトの果肉（ゼリー状の部分）をすくいだします。

(2) ゼリー状の部分を取り除きます。

(3) 取り出した種を乾燥させます。

(4) 乾燥したら、チャック付きの袋に入れて保存します。

Point

種に付着しているゼリー状の部分は、お茶パックを利用してとると便利。

お茶パックに入れて、水洗い
↓
日陰につるす
↓
数日、干す
↓
種だけが取れる♪

ただ、市販のミニトマトはほぼ100％交雑種のようです。食べまきで育てたものは固定種でない限り、親とまったく同じには育たないようです（遺伝の法則だそうです……。交雑種は２代めからは、先祖がえり現象が起きるそうです）。つまり、味もばらつくことが大いに考えられます。食べまきの場合は、あまり味には期待せず、半分遊びのつもりでのぞんだほうがいいでしょう。

店頭で入手できる苗や種は１代交雑種か固定種ですから、本格的に収穫（特に味）を期待したい場合は、食べまきではなく、店頭で購入されることをおすすめします。

ちなみに、トマトの苗を購入してから、土を落として水耕に植え替えることも可能のようです。私自身はまだやったことがありませんが、チャレンジしてみたいと思います。

用語解説 • • •

交雑種（交配種）
品種と品種を掛け合わせてできた、新しい品種のこと。

１代交雑種
掛け合わせてできた新しい品種の１代め。１代交雑種から採取した種をまいても、２代め以降、１代めの性質が現れるとは限らない。

固定種
何世代にもわたって淘汰され、安定した性質の植物ができるようになった品種。固定種から採取した種をまくと、ほぼ同じ野菜がまた収穫できる。

元気そうな種を選んで、水は多すぎず、少なすぎず

以下は、自宅で消費したミニトマトから採取したミニトマトの種の水耕栽培成長レポートです。

【種まき】

ミニトマトの発芽適温は20～30℃と高めです。種まきの時期は、（本来は）暖かくなりはじめる３月がベストです。

あらかじめ冷蔵庫で保存していた種を取り出します。まくのは、できるだけ形状もよくて元気そうな種を選びましょう。元気そうな種って、

どんな？　って聞きたくなりますよね。形がそろっていて、ふくよかそうで、虫に食われた痕跡やカビがついていないもの。実際はもう直感です（←まったく参考にならないアドバイスですみません）。

　食品トレイに種を置き、適量な水に浸けます。手順はこれだけですが、いくつか注意点があります。

　まず、発芽段階であまり水が多すぎると、種が窒息してしまいます。ですから、水は少なめに。しかし、種を乾燥させないように、水分の補給を怠らないようにしましょう。

　芽が出たら、日光が大事です。室内でも明るいところに食品トレイを移動しておきます。直射日光が当たるところに置くと、うっかりした時に干からびさせてしまう可能性がありますので、注意してください（はい、私はそのうっかりしてしまった張本人です）。

　食品トレイ＋水だけでは心もとないと思う方は、ティッシュやスポンジを使用してもよいでしょう。

　ただし、湿っぽいところにおくと、カビが生えるおそれがあります。

　しかし、失敗を恐れず、失敗を糧に、また再度チャレンジしてみましょう。

秋からミニトマト…って時期外れだったのね

　まったくの遊び心で始めてみたミニトマトの水耕栽培。思いつきで始めたせいで、実はすっ

8月18日　種まき

注意
水が多いと窒息しちゃう。
く、くるしい

水が少ないと、干からびちゃう。
カビカビ

8月21日　発芽

適温の状態であれば、2～4日で白い根っこが出てきます。いわゆる発根です。明るい場所に移動します。

注意
直射日光が当たる場所だと干からびる〜、湿っぽい場所ではカビが……。

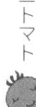

かり本来の種まき時期を外してしまいました。最初試みた種まきは8月です。かなり時期を大きく外れています……はい。私がミニトマト栽培を始めたと聞いた達人も少々あきれ気味。

　達人：え!?　今からミニトマト作り？
　　　うちはもう収穫を終えて、秋まき野菜をスタートさせてますけど……。
　私：でも、種をまいたら、ちゃんと発芽したから……。
　達人：でも結実しないと思うけどなあ。たとえなっても食べられるかどうか……。
　私：……（無言）。

　達人と比べて、いつも出遅れている私。ミニトマトでも、スタートしたばかりというのに、もうさっそく旗色が悪い気配。

　まあ、もうここまで来たら意地でも最後までやり遂げてみせるわ、えへん！（←変な意地をはらないで、ちゃんと種まきの時期を間違えなければいいのにね）

　というわけで、8月21日にミニトマトの発根を確認した私は、そのまま自家採種した種からミニトマトの栽培を続行。

　9月3日、本葉まで出てきた幼苗を植え替えて、水切りバットに移し、液肥水を注入して定植作業完了。

　液肥の栄養ですくすく成長するミニトマト。そして、藻……。

　ミニトマト株がほかの野菜やハーブよりも大きくなると予想したため、また実験という意味もあるので、1トレイに10株しか植えていません。

　そのためか、トレイの中がすき間だらけで、

9月3日 植え替え

本葉が出てきたら植え替え。

準備するもの

お茶パック　水切りバット
パーライト　液肥
スプーン

※ほかのハーブや野菜と違って、ミニトマトの場合は支柱かそえ木が必須です。私はいつものワイヤを利用してなんちゃって支柱を作ってどんどん高く成長するミニトマトの株を支えていました。

9月19日 根っこも成長

根っこがお茶パックを貫通してどんどん成長。

液肥水が日光を浴びる面積もいつもより広いため、ミニトマトだけじゃなくて藻の成長がいつもより健やか、という結果に。

9月も半ばになると、根っこも長くなって、お茶パックの下を貫通して、すのこネットの下までどんどん成長しました。

水耕栽培のいいところの一つは、根っこの観察もできることです。

トマトの種は嫌光性だと聞いたことがありますが、根っこも嫌光性なのかしら。そうだとしたら、毎日日光を浴びせ続けているなんてかわいそうかな。と思いつつも、トマトは健やかで元気に成長しています。

ぐんぐん成長。支柱選びでイーファ、またまた迷走

10月1日になると、もう支柱がないと倒れるほどの高さまで成長してきました。

ここで私がやった第二の失敗は、ミニトマトの支柱対策をきちんと講じなかったことです。甘く考えていました。

何を支柱にしようかと考えた時、以前、支柱代わりにプラスチックコップを工作して使用したことを思い出した私は、ミニトマトでもプラスチックコップが支柱として代用できるのではないかと思いました。

風通しをよくするため、つまり蒸れさせないため、はさみやカッターでコップの底面やまわりを切り抜きました。ところで、これだけでは、成長するミニトマトの重さを支えきれず、うま

10月1日 すくすく成長

もう支柱がないと倒れるほどの高さまで成長。

10月1日 支柱立て

成長目覚ましく、ぐんぐん伸びて、今にも倒れそう。

プラスチックコップを支柱にしてみた。コップの側面を切り抜いたのは、風通しをよくするため。

10月4日 つぼみ

くいきませんでした。ぐんぐん伸びるミニトマトが今にも倒れそうです。

その後も、ミニトマトはちゃんと成長を続け、葉っぱの枚数も増えて、元気いっぱいの姿で我がベランダに生命力をもたらしてくれています。

達人😀は結実は無理だとか言っていましたが、観葉植物としてもじゅうぶん楽しめます。毎朝歯を磨きながら、日々大きくなっていくミニトマトをながめるだけで癒されます。

実験的に1トレイの10株しか栽培していませんが、10月4日には、成長の速い子には早速つぼみができたのが確認できて、うれしかったです。

でも、プラスチックコップ支柱では完全にミニトマト株を支えきれなくなりました。なにかもっといい方法がないでしょうか。

10月9日、プラスチックコップを撤収。重心が高いため、傾けたり倒れたりして悩ましいのです。代わりにミニトマトの茎の部分をひもで束ねてみました。十把ひとからげってわけ（←日本語の使い方間違ってるって）。

束ねることによって、横に倒れたりしないように、というのが狙いです。

最初のうちはよかったのですが、やはりさらに成長すると、風の吹く日はつらいですね。

10月12日、つぼみから開花。

この時、もしかして、プラスチックコップ＋ひものほうがいいのではとまたプラスチックコップを着用（←ものすごい迷走ぶり）。

10月9日 束ねる

プラスチックコップ支柱では完全にミニトマト株を支えきれない。

プラスチックコップを撤収。代わりにミニトマトの茎の部分をひもで束ねてみた。

10月12日 開花

プラスチックコップ＋ひものほうがいいのではと、またプラスチックコップを着用。

小さな実を発見して、大感激

　10月27日、ミニトマトの背がさらに伸びました。

　もはや、我がベランダの高さ制限20cmを超えました。20cmを超えると、ビル風に耐えられなくなり、風の吹く方向によってあっち向いてホイ、こっち向いてホイ状態になってしまいます。

　背が高くなるとともに、お花も増えてきました。かれんな花の美しさにうっとりしていると、気がつけば枯れて落ちた花もあったりして。

　そういえば、ミニトマトって受粉はどうなっているのでしょうか。

　ゴーヤみたいに手でおしべとめしべをこすりあわせて人工授粉をしなければならないかしら。でもどれがおしべでどれがめしべかゴーヤみたいに分かりやすくないし……。

　困ったときのインターネット検索。

　「ミニトマト　受粉」で検索してみたところ、花の中心にすぼまっている袋みたいなものの中におしべとめしべがおさまっていて、勝手に受粉してくれるとのこと。つまり、何もしなくても勝手にやってくれるから、大丈夫だそうです（大玉トマトは、受粉の必要あり）。

　へえ〜そうなんだ。

　でも、花が咲いてもそのまま落ちてしまうので、もしかして本当に達人のいう通り、栽培時期がずれているので、やっぱり結実は無理かとも思ったのですが……。

　よく見ると、花が落ちたあと、中から丸い

10月27日
小さな実！

花が落ちたあと、ミニトマトを確認！　大感激！

我がベランダの高さ制限20cmを超え、あっち向いてホイ、こっち向いてホイ状態。

10月下旬
鈴なりの実

ミニトマト

ものがちらほら。しかも、かなり大きくて、目視でもじゅうぶんミニトマトと確認できるものもあります！

大感激！　こうなると欲が出てきて、なんちゃって支柱ではなく、ちゃんとした支柱を考えてあげなければという気にもなってきます（現金な性格です……）。

今度は、防虫ネットに使っているワイヤをセッティングして、ワイヤにひもで固定する作戦を試してみます。それでも風が吹くとふらついて、可愛いミニトマトの赤ちゃんが心配！

11月3日 本格的支柱

ゴーヤ用の支柱を組み合わせてみた。実も成長。

別れはある日、突然に

11月に入ると、ミニトマトの赤ちゃんの数もどんどん増えてきて、鈴なり状態。ひょっとしてこれは収穫を期待できるかも。ワクワク。

でもトマトの成長に追いつかず、ワイヤ＋ひも作戦はあえなく失敗。

そこで、以前ゴーヤの支柱用に購入した支柱を工夫してうまく支えられないものかと考え、ワイヤを交差させて支えることにしました。

11月6日、その後も勢いがついてどんどん実ができました。同時に別の株も花を咲かせ始めました。

余計なわき芽を摘み取りつつ、主枝1本だけを残していますが、10株のミニトマトの成長は目覚ましく、我が家のベランダはジャングル状態。

2011年12月13日。この年は最初暖冬といわれていました。そのため、12月の中旬になっ

11月6日 次々実がなる

てもミニトマトは元気に成長。大きさも指でOKをするぐらいになりました。

でも色はまだまだ緑色なので、これからもっと厳しくなる寒さに果たして耐え切れるかどうか。心配です。

12月15日、まだ頑張って花を咲かせるミニトマト。

でも残念ながら、これが写真に収めた最後の元気な姿です。

年が明けて寒さがいっそう厳しくなり、ミニトマトは赤くなることなく、黄色いまま。

ある日帰宅すると、突風強風によって倒れている無残な姿を発見……泣。

ごめんよ。ミニトマト。

来年はちゃんと種まきの時期を守り、支柱もしっかりしたものを考えますので、どうかまた元気に育ってください。

ところで、あの黄色いままのミニトマト。ベランダの地面に落ちていたものですが、拾いあげて、洗って味見をしました（←決して食いしんぼだからというわけではなく、実験のため）。

とても酸っぱかったです……。

来年はきっと、甘くておいしいミニトマトを作るぞと、心に誓った瞬間でもありました。

11月6日
ジャングル

12月15日
最後の姿

Corn

とうもろこし

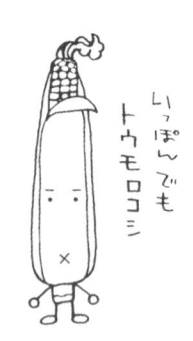

もぎたてのとうもろこしが食べたい

　とうもろこしの中国語での呼び名は玉米（ユイミー）か玉蜀黍（ユイスウスウ）。また台湾語では番麥（ファンベ）といって大変親しまれています。小さい頃の一番の好物は夜市の露店で売られている烤玉蜀黍（焼きとうもろこし）。炭火でこんがり焼けたとうもろこしに甘じょっぱいタレをつけて食べる、クセになる味。

　私の実家には、とうもろこし畑があります。収穫時期になると、もぎたてのとうもろこしをご飯の代わりにいくらでも食べることができます。とうもろこし、特にスイートコーンは鮮度が落ちやすいと言われています。収穫した瞬間から甘みがどんどん失われていきます。実家の畑から収穫したもぎたてとうもろこしのうまさといったら、もうほっぺが落ちるといっても過言ではありません。糖度が高く、スイーツみたいなとうもろこしで、生でも食べられるんですよ。台湾人にはとうもろこしを生で食べる習慣はありませんので、抵抗はありますが。

　母に栽培のコツを聞いたら、「とうもろこしの栽培？　種をまいて、肥料や水をやれば勝手にいっぱいできるから簡単よ」といいます。

　そんなのコツじゃないという気もしますが。

毎日採れたて！イーファの水耕栽培

発芽率は 100％！

　まあ、100円ショップで売られているぐらいだから簡単に栽培できるだろうと考え（激しい思い込み）、軽々しく種を入手。

　そして、豆三兄弟と一緒に水に一晩浸け、発芽させます。

　種まきした時期は7月2日頃で、発芽温度に適していたためか、難なく発芽してくれました。というか、もしかしてジャックの豆よりも成長のスピードが速かったかも。成長が速いので、豆類よりも早めに、とうもろこしの苗をジャンボすのこバットに植え替えました。

　この時は、実験の意味合いが強かったので、5つしか種をまいていませんでした。それが全部発芽してくれたので、打率100パーセント。100円ショップの種もなかなか侮れないものですね。感心、感心。

　と思ったのもつかの間でした。

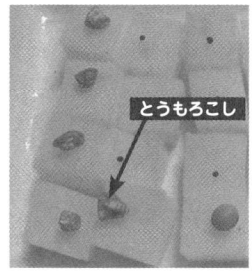

7月2日
種まき

とうもろこし

とうもろこしの種は、私たちが普段食べているとうもろこしの実が乾燥したものですね。あらためて実感。

少なくとも 10 株必要 !?

　母といつものスカイプ中のことです。
　私：やあ、感激したよ。とうもろこしの成長がすこぶる順調で、うまくいけば、2ヶ月後にはもぎたてのとうもろこし食べられるかも。
　と生唾を飲み込む私。
　母：あれ？　あの狭小でうなぎの寝床のようなマンションに、よくそんな栽培スペースがあったもんだね。
　私：そうでしょ！　水耕栽培だから、土による虫害も心配なし。
　と得意げな私。

母：そうじゃなくて、スペースのことを言ってるんだけど。

私：うんうん、いつものジャンボすのこバットに5株を植え替えしたばかり。今回はね、大きくなることを見込んで、1つのジャンボすのこバットに5株だけ植えたの。

とさらに有頂天になる私。

（今思うと本当に単なるバカの丸出し）

母：とうもろこしは実入りをよくするため、最低でも10株を2列に植えるのが望ましいよ。株の数が少ないと、実が歯抜けになったり、最悪受粉もできず、収穫できなくなるんだよ。

きっと心の中では、なんて無謀でおバカな娘に育ったんだろと、あきれてるに違いない。

それを聞いてもなお半信半疑の私はさっそく調べてみました。

結果、言うまでもなく母の言うとおりでした。

そんな10株はおろか、成長した5株を植えるスペースさえ、我がマンションのベランダにはありません。

そんな成長した時のことも考えないでとりあえず種をまいてしまおうなんてことが、時にはとんでもない失敗につながることを、水耕を始めてから身にしみて分かりました。

こんなお恥ずかしい話をさらけ出すのは、読者さまにはぜひひとも私と同じ失敗を繰り返さないよう、参考になればと勝手に思っているからです（参考にならないよね、はい）。

ベランダじゃ、無理じゃん……

とうもろこしの栽培には10株以上を育てられる広いスペースが必要。

悪魔のささやき

庭付きの広いところに引っ越すしかないね。

とうもろこし

屋上をとうもろこし畑に？

　いつ引っ越す気になるか分からないので、将来とうもろこしを栽培できる日が来た時のために、一応調べてみました。
　改めて勉強になることも多いです。たとえば、

・**種の向きを下に向ける**
　種をまく時、向きを合わせるといいみたいです。種の突起＝芯に刺さっている部分（通称とうもろこしのへそと言われているところ）、つまり根っこが出てくる部分を下に向けてまくと、とうもろこしとしても助かるようです。

・**一粒まきしない**
　苗が小さい時、適度に狭い場所だと、なんとか自分が生き残ろうと互いに競い合うため、結果的に成長が速くなるようです。
　なるほど、成長を見込んでわざと広めのところに種まきをすると、かえって成長を遅らせる可能性もあるってことですね。

・**とうもろこしはかなりの肥料食いらしい**
　とうもろこしは、どんどん肥料を吸収するので、追肥が欠かせないようです。母が言うには、土栽培では、鶏糞などを入れるらしいです。

・**根のスペースを確保する**
　また、根っこのためのスペースを確保してあげないと、シソを栽培した時と同じような状況、つまり窮屈な環境になり、根がじゅうぶん育たないため、株もじゅうぶん成長できないようです。
　深いですね。
　何も考えずに、ただ母が栽培してくれたとうもろこしをがむしゃらに食べていたことを恥じます。

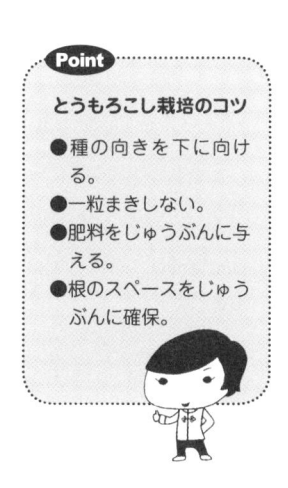

> **Point**
> **とうもろこし栽培のコツ**
> ●種の向きを下に向ける。
> ●一粒まきしない。
> ●肥料をじゅうぶんに与える。
> ●根のスペースをじゅうぶんに確保。

> やっぱり、10本はいるのだ……。

Asparagus

アスパラガス

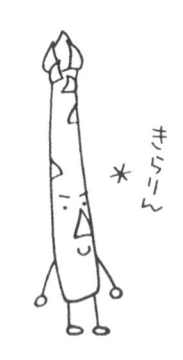

大好きだからって理由で むやみに種をまく私

　とても不思議なことに、100円ショップで売られている種って栽培しやすいという錯覚に陥ってしまうんですね。自分の家の栽培環境などや後先も考えずに。
　そんな天真爛漫な考え方の持ち主（はい、ワタクシです）がアスパラの種を購入しました。
　理由、アスパラが大好きで、いつでも庭先で採れたてのアスパラを食べたいからです。
　気持ちはよく分かります。張本人ですからね。
　でもね、ちゃんとアスパラの特性を理解してからじゃないとだめですよ。
　そんなこと構わず、早速、種を購入していつものように種まきをしました。発芽するまで少し時間かかりましたが、順調に発芽したので、大いに喜びました。3ヶ月後、自宅のベランダから採れたてのアスパラを食卓にのせる日を夢見つつ。

種をまいてから、栽培方法を調べたら あっちゃ〜〜

　アスパラの種の大きさは1〜2mmほどあり、黒くて大きいんですね。

　大きい種という外見とは裏腹に、芽が小さくてふわふわとした羽のような葉がついていて、見た目が弱々しい感じです。

　アスパラの栽培方法によると、「私達が普段食べるアスパラは春先に出た芽の部分です。ちょうど竹の子を食べるのに似ています」とのこと。

　なるほど、そりゃおいしいわけね。そこまで読んだ私は、ますます期待をふくらませました。で、続きを。

　「一度植えてしまえば、手入れもほとんど必要なく、種まきから収穫するまで3年ほどかかりますが、多年生なので、7〜8年ほど毎年収穫しつづけることができる……」

　「アスパラの根は深さ1〜2mに」、さらに続く「生育期には高さ1〜1.5m、葉張り1m弱になるので、広さのある場所が望ましい」と。

　あっちゃ〜〜。

　この説明を読んだだけで、もう今のジャンボすのこバットを用いる水耕栽培方法が、アスパラ栽培に適さないことが判明。

　せっかく、羽のような葉っぱができ、日に日にかわいらしさを増して順調に成長しているのに、収穫（3年間？）はおろか、金魚鉢でクジラを飼おうとするのと一緒なんだよね。ホンマ無謀やった。

　敗北。

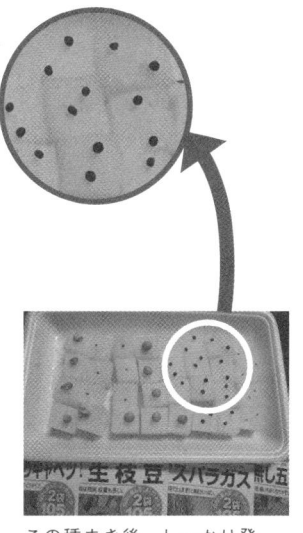

この種まき後、しっかり発芽したものの、水耕栽培では成長させることが難しいことが判明。

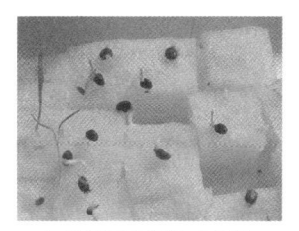

アスパラガスの発芽。この後、日に日にかわいらしさを増していった。

アスパラは里子に

　でも、このまま引っこ抜くのもかわいそうなので、このまま広い庭＆畑を有する達人のところに里子に出して、引き続きかわいがってもらいましょう。3〜4年後のアスパラの収穫を勝手に楽しみにしています。
　達人の話によると、アスパラを苗の形で入手し、ベランダで栽培することも可能。その場合は、深さのある大きい鉢を利用するのがベスト。小さい苗からでは待ってられない、すぐにでも収穫の楽しみを味わいたい方はアスパラ大苗3年というものを入手すれば、その夢も夢ではなくなるかも。
　私はまだ実物を見たことはありませんが、インターネットで検索した情報によりますと、アスパラの苗は、私達が普段目にしているポット苗ではなく、根っこがむき出しの状態で届けられるものもあるようです。その根っこの状態はあたかも、かんぴょうというか、しんなりした細いごぼうというか、不思議な状態。
　ちなみに、達人はいつも通販サイトでいろんなめずらしい中国野菜の苗や種を購入し、栽培しているそうです。
　そんな通販サイトでは、100円ショップやホームセンターの園芸コーナーで扱ってない品種までたくさん扱っているので、便利です。送料がかかるのがいやだという方（私です）は、園芸仲間と一緒にグループ購入するという方法がおすすめです。

Carrot

人参

はっぱも オイシイよ

育ててみないと気が済まない

　これまでご紹介した、うまく発芽したものの、結果的には失敗した、ジャンボすのこバットを用いた水耕栽培の事例の数々。とうもろこしの場合はスペース的な制限、アスパラガスもスペースが致命傷。まあ、長い栽培期間もちょっと痛手でした。

　実は他にも水耕栽培が難しいといわれている野菜があります。そう、根菜類です。しかし、そういわれて素直に「はい、そうですか」ってやめるタマではありません（日本語でいうと天邪鬼のへそ曲がりですね）。やってみないと気が済まないから、結局100円ショップから他の超難関種（ジャンボすのこバット的にという意味）と一緒に「時無し五寸人参」の種を購入。結果はご想像のとおり。収穫という意味ではぼろぼろの惨敗。

　ここでは、そんな失敗と検討を振り返ります。

待てど、暮らせど、発芽せず…やはりセリ科か！

　パッケージに記載された説明によると、「時無し五寸人参はプランターなどでも簡単に作れ、家庭菜園に最適。早生系なので、種まきして110～130日ぐらいで収穫ができる」とありましたので、へえ～と、ものすごく

軽い気持ちで購入。

　種まきをしたのは、6月27日。一番右の、微塵のような小さな種です。日頃食べている人参の姿からは、ちょっと想像しにくいぐらい。

　人参は発芽させるまでが難しいといわれている野菜だそうですが、その通りでしたね。同じ日にまいたカラフルコーン、キャベツ、枝豆、レタス、みんな順調に芽が出たのに、五寸人参の芽は、待てど暮らせど一向に出てきません。

　そういえば、いつぞやのセロリも同じ感じだったよね。

　で、調べてみたら、同じセリ科でした。

　芽が出てくるのに時間がかかるんですね。

　実験的にとりあえず、8粒しか種まきしていませんでしたが、結局うまく発芽したのは半分の4株だけでした。

6月27日 種まき　にんじん

8粒まいて、発芽したのは半分の4株のみ。

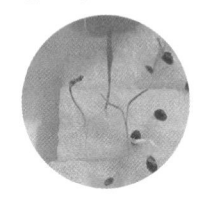

発芽したら成功…のはずが、全滅！

　五寸人参は成長すると15～20cmぐらいの長さになり、さすがに十八番のジャンボすのこバットでの栽培では無理だろうと考え、豆類と同じペットボトルを用いた水耕栽培に。栽培用資材はバーミキュライトです。

　人参類は発芽は難しいが、発芽さえしてしまえば、もう半分成功したともいわれています。

　種が小さかった分、芽もひょろひょろと、枝豆（左上）の隣に並べると、余計弱々しく感じてしまいます。

　この年は、異常なほどの酷暑だったためか、無事に発芽したものの、1週間経過しても大し

7月12日 成長

発芽後、ペットボトルを切った容器に、バーミキュライトで植え替え。

毎日採れたて！ノーファの水耕栽培

て背丈が変わってないような……と気にしはじめたら、ますます気になりました。もうだめかな？　いや、これってノーマルかな？　などと逡巡しているうちに、3週間経った頃には全滅。原因は不明です。

今度こそ本当にだめでした。

だめになった株を思い切って引っこ抜いてみました。ちょっと根っこが膨らんだ気もしますが、そうでないような気もします……。五寸どころか、きっと半寸にもなってないのでは、というぐらい不憫な姿……。

原因はいろいろ考えてみました。暑すぎ？　水やりすぎ？　それとも水やりが足りなかったとか？　もしかして、毎日人参に向かって、心のなかで「もうだめかも、もうだめかも」という呪いにも似た念力によって、人参の若芽をだめにしたとか？　う～ん、とにかく釈然としない結果となりました。

普段何気なく人参を買ってるのに、失敗して人参栽培の難しさを知る。失敗点を振り返りつつ、あらためて感謝の気持ちで人参を食べた私でした。

ちなみに、右の写真は私の好きな人参料理。千切りした人参をごま油でしんなりなるまで炒め、その後、溶き卵でとじて塩で味を調えれば、香ばしい一品料理に仕上がります。特にお弁当のおかずには最高です。簡単に作れて失敗のない一品ですよ。

人参栽培は失敗しましたが、母直伝の我が家の人参定番料理はうまくできました。

母直伝の人参料理は成功！

人参

199

Radish

ミニ大根

二十日大根だよー

レディッシュ

種と名乗るもの、全部発芽させたい！

　いつもの仕入先の100円ショップの園芸コーナー。野菜＆ハーブ類の種、ほぼ全種類制覇。もう種を見かけると、我が家のベランダで栽培できるものなら、とりあえず購入して試してみたくなります。実際明らかにベランダ栽培に適合してないもの、例えば、とうもろこし、人参、アスパラなどまで手を出している次第です。なんかここまでくると、コレクターの方の気持ちが理解できます。とにかく、

> 種と名乗るもの全部
> 発芽させてみたくなりますね。

　かように家庭栽培に熱を上げている私は、ついに100円ショップ以外の種に手を出しました。水耕栽培では難しいといわれている根菜類ですが、パッケージの裏の説明を読みますと、「きわめて生育の早いミニタイプの甘口大根。

種をまいてから25日ぐらいで収穫できる」。前のキャッチコピーでは、「プランターで作れる長さ10cmの美味大根」となっているじゃないか。それならもう、お持ち帰りしかないですね。その名も「ミニこまち」です。

　6月14日、種をまきました。1つのスポンジキューブに2つの種を置きました。これもあとから片方を間引きしなければならなかったのですが、それができなかったので、植え替えの際、はさみを使ってまん中からスポンジを切り分け、2株にしてお茶パックに植えました（ものを捨てられない根性丸出し？）。

6月14日 種まき

1つのスポンジに2粒ずつまいたので、のちに切り分けることに。

傷痕のある不良の子とあいさつする礼儀正しい子が…

　8月2日の様子。プラスチックコップを工夫して支柱代わりにしました。

　この時の長さは大人の人差し指ほどあり、白くてまっすぐ伸びていて、なんてかわいらしい姿でしょう。

　ところが、目を凝らしてみると、胴体に縦割れの亀裂があるではないですか。ガーン！　ショック！

　調べてみると、「いずれも初期の生育不良による根部組織の老化が主要因である。間引きを適期に行うなど、初期の生育を順調にさせるような管理が大切である」とのことです。

　すみません。初期の時、いろいろいじったりしたのが災いのもとのようです。反省m(__)m

　次の子を見てみましょう。

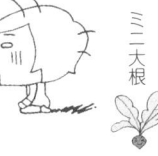

8月2日 一見、順調？

別角度

き、亀裂が…

ミニ大根

こんにちは〜

あっちゃ〜、おじぎしていますね。こんにちはって。

曲がってしまった理由について調べたところ、いろいろありますが、主な理由として「窒素肥料が多い」、または「土寄せが不じゅうぶんで、株が倒れたりふらつくこと」があげられます。34個の種をまきましたが、うまく発芽しなかったものと、発芽したものの途中でだめになった株があって、結局収穫できたのは9株でした。8月27日のことでした。

右の写真は採りたての様子です。まだ、バーミキュライトをきれいに洗い落としていません。その後、きれいに洗い落として、生でまずかじってみました。辛味があって、ちゃんと普通の大根の味がしましたよ。三つ子の魂百までということでしょうか。あ、また日本語の使い方間違ってる。日本語難しいにゃ。

8月27日
収穫

左側のボールペンと比較してもわかりますが、長さが15cmを超えてる株もありました。

求む！　グッドアイデア

まあ、外見やサイズさえ気にしなければ、種から発芽させ、水耕でもミニ大根を育てること

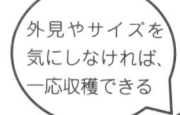

外見やサイズを気にしなければ、一応収穫できる

まあ、満足かな〜

ができました。その結果に一応満足です。

　時期にもよりますが、スーパーでは、大根1本100円を切った値段で、しかもサイズが大きくて、まっすぐでまっ白なきれいなものが手軽に買えることを考えると、ミニ大根は決してコストパフォーマンスの高いものではありませんが、得た喜びは無上のものがあります。

　ただ、やはり根菜類の水耕栽培は容器や支柱など、まだまだ改善すべき点が課題としてたくさん残っています。

　プラスチックコップだってミニ大根の場合、もう少し直径が小さいか、倒れにくい安定性のある容器を使用したほうがいいかもしれません。まだ、一番よい容器が見つかっていません。だれか、グッドアイデアがあったら、ぜひご教授いただければ幸いです。

　また次回チャレンジしてみたいと思います。

　自分で栽培してみてわかったことですが、スーパーで売られているようなまっすぐまっ白でサイズもそろってる大根を育てるのって、本当に日々の並々ならぬ努力、経験と知識が必要なんですね。以降、大根を食べる時、ものすごく敬虔な気持ちでいただいています。

チョンガクムアルタリムの栽培にチャレンジ

　ところで、ミニ大根編に続編がありました。

　ある日、知り合いの韓国の友人の安さんから、チョンガキムチをいただきました。

　「韓国に行ってきたんですか？」と聞いたら、「ううん、市から借りた畑でチョンガクムアルタリムを栽培して、先日収穫できたから、それでチョンガキムチを漬けたんだよ。そのおすそ分け」と安さん。

　安さんはあごにひげを生やしたしぶい男性で笑うとえくぼと八重歯がのぞいてとてもチャーミング。それに、マジックと料理が得意とのこと。韓国料理の作り方をたくさん教わっています。料理のできる男性ってステキだよね。

　日本ではまだなじみが薄いようですが、チョ

> チョンガクムアルタリムは、韓国で栽培される大根の1種。

ンガキムチは韓国では、白菜のキムチ、オイキムチ、カクテキキムチと同じぐらい広く愛されているキムチです。

チョンガクムアルタリムは韓国で栽培される大根の一種で、その形が朝鮮時代独身の男性の髪型に似ていることから名付けられたそうです。また、独身の男性が食べるキムチのことだという説もあるそうです。日本でも独身の男性のことをチョンガーといいますよね（すでに死語だったりして？）。

チョンガ。ポニーテールみたいな髪型です。

チョンガクムアルタリム。韓国では広くキムチの材料として親しまれている。

燃やせ！　栽培魂

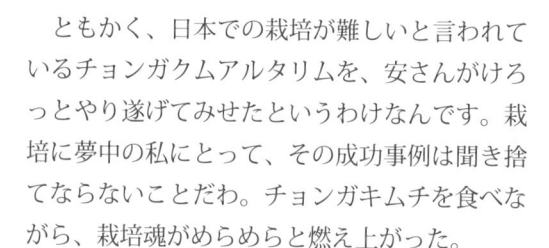

ともかく、日本での栽培が難しいと言われているチョンガクムアルタリムを、安さんがけろっとやり遂げてみせたというわけなんです。栽培に夢中の私にとって、その成功事例は聞き捨てならないことだわ。チョンガキムチを食べながら、栽培魂がめらめらと燃え上がった。

「種なら、あるよ。あげようか」と、男前のことを言ってくれた安さん。

「ありがたくいただきます」と、厚かましくも頂戴した私。

栽培魂！

9月10日
種まき

いただいた種をさっそくまいてみた。

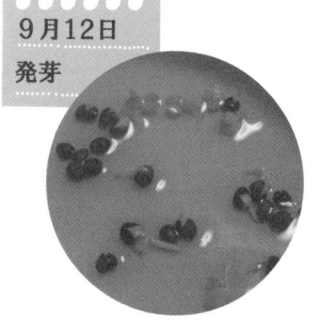

9月12日
発芽

毎日採れたて！イーファの水耕栽培

9月14日 植え替え

アップ

早速いただいた翌日の9月10日に、いつものトレイ発芽に挑戦。

赤褐色っぽい種。サイズは、ごま粒よりやや大きいぐらい。

9月12日、無事に発芽！　うれしい♪

9月14日、ジャンボすのこバットに植え替え。ちゃんと双葉が出てきました。チョンガキムチを思い出しながら、ワクワク感倍増。

とりあえず、第一関門無事突破。これからいかに無事に大きく育てるかが難しいと思われます。安さんは土栽培で成功していますが、果たして適当イーファ流水耕栽培は成功するのでしょうか。ドキドキ。

9月19日、本葉も出てきて、7cmまで成長しました。

うちのベランダの日当たりベスト席に移して約2ヶ月後、11月3日の様子。

あれ？　あれれれ？

コケが異常に増えた気が。葉っぱも立派な株があることはありますがあまりチョンガクムアルタリムらしい気配が……。

発芽には成功。

前回、ミニ大根の時は、プラスチックコップを使用した栽培法でしたが、直径が広いので、逆にプラスチックコップがミニ大根の成長の邪魔をして、縦割れや、腰曲がりのミニ大根ができてしまいました。

なので、今回はあえて、プラスチックコップなしの栽培を試みたわけですが、今の状況をみると、う〜〜、さらに微妙。葉っぱだけ立派、という姿になってしまいました。とほほほ。

もしかして、支柱に使えるよい方法があるかもしれませんが（だれか教えて〜）。今現在の状態では、根菜類の場合は、ジャンボすのこバットでの栽培には無理があるように思えます。悔しいですが、今回は完敗でした。

しばらくは、安さんにチョンガキムチを提供してもらうことになりそうですね。

ミニ大根

読んでくださいまして、
ありがとうございます。

多謝!!
(トォシャ)

参考文献

『横着じいさんの超かんたん水耕栽培　いつでもレタス！』伊藤龍三（文芸社）
『100円グッズで水耕菜園——土がいらない、野菜47種類の育て方』伊藤龍三（主婦の友社）
新版『ベランダでおいしい野菜づくり』たなかやすこ（主婦の友社）
『コンテナでできるはじめての野菜づくり』監修／東京都立園芸高等学校（新星出版社）
『ベランダ畑——庭がなくても野菜が作れる』藤田智（家の光協会）

このほか、インターネットで公開されている水耕栽培ブログ、ホームページ、園芸講座などの情報を、たくさん参照させていただきました。皆様に敬意を表し、深く感謝申し上げます。

special thanks

著者紹介
趙 怡華（ザウ イーファ）

台湾から日本に留学。東京外国語大学大学院修士課程修了。韓国延世大学校語学堂、アメリカEWU、スペインなどで短期語学留学を終えて、現在は中国語・台湾語の通訳・翻訳作業に携わり、中国語や台湾語の学習本・翻訳本などの著作が多数ある。また、映画・音楽関連の翻訳業や雑誌などへの執筆もしている。その忙しい日々の中でも、水耕栽培でのスーパー産直新鮮野菜ライフ実践中！
http://www.iamyh.com/
e-mail: y2327886@hotmail.com

イラストレーター紹介
たかお かおり

挿絵画家、装丁画家、イラストレーター。
「かりまる図鑑」http://karimaru07.cocolog-nifty.com/
日々のなにげないことを写真にするブログ「日々、まるだるま.」
http://web.stagram.com/n/karimarun/

毎日採れたて！ イーファの水耕栽培
―― 水切りバットでかんたん野菜づくり

2012年10月25日　初版発行

著　者　趙 怡華（ザウ イーファ）
発行者　株式会社晶文社
　　　　東京都千代田区神田神保町1-11
　　　　電話 (03)3518-4940(代表)・4942(編集)
　　　　URL　http://www.shobunsha.co.jp

装　丁　大久保舞子
イラスト　たかおかおり
印　刷　株式会社ダイトー
製　本　ナショナル製本協同組合

© Chau Yihua　2012
ISBN 978-4-7949-6786-2　Printed in Japan

Ⓡ本書を無断で複写複製（コピー）することは、著作権法上での例外を除き、禁じられています。本書をコピーされる場合は、事前に公益社団法人日本複製権センター（JRRC）の許諾を受けてください。
JRRC〈http://www.jrrc.or.jp　e-mail: info@jrrc.or.jp　電話: 03-3401-2382〉

〈検印廃止〉　落丁・乱丁本はお取替えします。

好評発売中

庭のない園芸家　　平野恵理子

歩けばそこが庭になる。ベランダで芽吹きを待ち、町を散歩し、植物園や南の島を探訪する。永井荷風、深沢七郎らの文学や映画に園芸の醍醐味を知る。身近な植物とむきあうイラストレーターによる、都市生活者のためのとっておき園芸術。

イギリス流園芸入門　　中尾真理

庭づくりは王者の楽しみ。それが分譲住宅地の猫の額ほどの庭だとしても。週末園芸の楽しみの数々を綴り、かつ、シェイクスピアから谷崎潤一郎まで、名作に描かれた庭づくりを紹介、園芸家の天国イギリス流園芸術の神髄に迫る。

イギリスの庭が好きです──コテージ・ガーデン礼讃　　岩野礼子

イギリスの最もイギリス的な庭、それがコテージ・ガーデン。草花や果樹、ハーブや野菜、庭にすむ小動物や園芸道具などなど。簡素で自然な生活の愉しみをつづる、書き下ろしエッセー31篇。

スローな手づくり調味料　　林　弘子

麺汁、ウスターソース、トマトケチャップ、カレールー、豆板醤などの調味料を自分でつくってみよう。これさえあれば、どんな時にも、おいしく、砂糖も化学調味料も含まれない安全な料理づくりができる。その調味料の作り方を一挙に公開。だしの引き方、基本食材の保存法なども交え、家庭料理の基本がわかる。料理への一歩は、生活の基本。まさに調味料作りは食育なのだ。

和・発酵食づくり　　林　弘子

私たちの食生活の土台を担っている米、大豆、麦、魚。そんなシンプルな素材を"発酵"させると、素晴らしい生命の味覚世界が広がります。大豆からは味噌、醤油……。米からは麹、甘酒、米糠、みりん……。麦からはパンを作りだすことができます。自分で作れる、本物の味。生活に密着した、実用的な発酵食づくりをここに披露いたします。

持たない生活　　向山昌子

タイの屋台で身につけた鍋・釜減らし法。本の虫ならではの書棚整理術。無駄を出さないおいしい食生活。日本の気候・風土に適した家事……。アジアへの旅から学び、日々の生活で培った、シンプルだけど健康的でちょっと贅沢な暮らし。その秘訣を、イラストをまじえながらつづる。

緑の島 スリランカのアーユルヴェーダ　　岩瀬幸代

アーユルヴェーダとは、ハーブや油など自然の力を借りて、体と心の健康を維持しようとする伝統医学。発祥はインドであるが、原型はむしろスリランカにのこる。肥満、糖尿病など、問題を抱えた人が欧米からは数多く訪れている。旅行ライターの岩瀬さんはリゾートホテルでアーユルヴェーダと出会い、とりことなった。体当たりの取材で、その魅力を紹介。